AF453529

LA SVITT
ET LE
MARIAGE
DV CID
Tragi. comedie
A PARIS
Chez Toußainct Quinet
au palais, Auec priuilege
1638

A

MADAME
LA
DVCHESSE
DE LORRAINE.

MADAME,

Apres qu'il c'eſt treuué des perſonnes mortes pour auoir connu ſeulement leurs maladies, & quelques autres qui ſont tombées d'vn lieu eleué par la ſeule crainte qu'elles auoient de leur chutte; i'ai ſi peur de n'agreer pas

à vôtre ALTESSE, par l'offre
que ie luy fais de cet ouurage, qu'il
semble que l'effet ait des-ja suiui
mon apprehension. Ie sçai bien,
Madame, que comme il y a des vi-
ces où la fuite est meilleure que la
resistance, on voit aussi des vertus
que le silence exprime plus maie-
stueusement que les paroles; & la
nature a fait sortir de sa main des
beautez que toutes les bouches de la
Renommée ne peuuent publier sans
corrompre quelque chose de leur grace. Il est, Madame, des perfections
de vôtre ALTESSE, comme des
choses sainctes dont on ne doit appro-
cher qu'auec vne crainte religieuse;
& s'en proposer le recit, c'est vouloir chercher vne ocupation bien
iuste, mais qui demande vne longue
vie, & vn esprit aussi grand &
aussi noble que son sujet. L'illustre

maison dont vous estes sortie n'est pas la seule chose qui vous rend recommandable, vos bontez font vne partie de cette estime, & toutes ces qualitez qui laissent de la honte à vôtre sexe, & de l'admiration au nôtre en font l'accomplissement. I'eusse bien souhaitté de ne vous offrir pas si peu que ie vous offre, & ie crains que ce present qui est vne marque de mon indigence, en soit encore vne de ma temerité? Mais i'ai forcé toutes sortes de considerations, i'ai voulu estre temeraire; & i'ai crû que la honte estoit vn crime lors qu'elle nous empeschoit d'aprocher de la vertu. Il y a certains pechez pour lesquels Dieu & les hommes n'ont point fait de chastiment; peut-estre, Madame, que celuy que ie fais est de cette nature, & qu'en tout cas vous aurez assez de bonté pour me le

pardonner quand vous sçaurez que
ma paßion est plustost aueugle que
mon choix. Et si vn Empereur a dit
autrefois, qu'aucun ne s'en deuoit retourner triste apres auoir parlé à vn
Prince : ie me tiens le plus glorieux
homme du monde d'auoir parlé à vne
des vertueuses Princesses de nôtre
temps, & de luy auoir fait agréer les
protestations que ie fais d'estre eter-
nellement,

MADAME,

De son ALTESSE

Le tres-humble & tres-
obeïssant seruiteur
C.

iour qu'il fera acheué d'imprimer
pour la premiere fois. Et faifons tres-
expreffes deffences à toutes perfonnes de quelque qualité & condition
qu'elles foient, de l'imprimer, faire imprimer, vendre ny debiter durant
ledit temps, en aucun lieu de noftre
obeyffance, fans le confentement de
l'Expofant, fous pretexte d'augmen-
tation, correction, changement de til-
tre, fauffes marques, ou autres : en
quelque forte & maniere que ce foit:
A peine de trois mil liures d'amende,
payables fans deport : & nonobftant
oppofitions ou appellations quelcon-
ques, par chacun des contreuenans:
applicable vn tiers à Nous, vn tiers, à
l'Hoftel-Dieu de noftre bonne ville
de Paris : & l'autre tiers audit Expofant : confifcation des exemplaires
contrefaits, & de tous defpens dom-
mages & interefts. A condition qu'il
fera mis deux exemplaires en blanc
dudit liure en noftre Bibliothecque
publique, & vn en celle de noftre tres-
cher & feal, ledit fieur SEGVIER, Che-
ualier, Chancelier de France, auāt que
de les expofer en vente, à peine de nul-
lité des prefentes : du contenu defq;

quelles nous vous mandons que vous
faſſiez iouïr & vſer plainement & paiſ-
ſiblement ledit Expoſant & tous ceux
qui auront droiƈt de luy, ſans qu'il
leur ſoit donné aucun trouble ny em-
peſchement. Voulons auſſi qu'en met-
tant au commencement, ou à la fin dudit liure vn Extraiƈt des preſentes, elles ſoient tenuës pour duëment ſigni-
fiées : & que foy y ſoit adiouſtée, &
aux copies collationnées par l'vn de
nos amez & feaux Conſeillers & Se-
cretaires, comme à l'original. Mandons au premier noſtre Huiſſier ou
Sergent ſur ce requis, de faire pour
l'expedition des preſentes, tous exploits neceſſaires, ſans demander autre permiſſion: Car tel eſt noſtre plai-
ſir. Nonobſtant Clameur de Haro,
Chartre Normande, & autres Let-
tres à ce contraires. Donne´ à Paris
le dernier iour de Iuillet l'an de grace
1637. Et de noſtre regne le 28.

Par le Roy en ſon Conſeil.

DEMONCEAVX.

Et ſcellé du grand ſceau de cire iaune.

Acheué d'imprimer pour la premiere fois,
le dernier Octobre 1637.

Les exemplaires ont eſté fournis.

ARGVMENT
DV PREMIER
ACTE.

ODRIGVE obligé de partir pour combat-tre les Mores, dit adieu à Chimene & ressent en son ame vne tristesse si gráde de ce depart, qu'il ne se console que dans l'esperance qu'il a de la treuuer constante dans son amour, & de triompher de ses ennemis. L'Infante qui par compléfance auoit autre fois donné Rodrigue à Chimene, se treuue reduitte à la necessité de faire voir son cœur à Leonor sa gouuernante, & ne fait plus scrupule de luy declarer qu'elle brule pour Rodrigue ; & que les considerations de sa naissāce la touchēt moins que sa passion. Quelqu'effort que fasse Leonor pour l'en diuertir, elle se promet tout à son aduantage : & demeure dans la resolution de ne rien, espargner pour son repos: Chimene apres le depart de Rodrigue combatuë des ressentimens de l'honneur & de l'amour, se treuue estonnée, & ne sçait encore si elle doit plus à la mort de son pere & à la pitié, qu'à la foy qu'elle auoit iurée à son Amant: Neantmoins par quelques douces violences qu'elle se fait, elle ne peut oublier ce dernier, & consent presque par force à poursuiure le premier dessein qu'elle auoit pour luy.

ACTEVRS.

RODRIGVE, amoureux de Chimene.

CHIMENE.

D. VRRAQVE, Infante.

LEONOR, gouuernante & confidente de l'Infante.

ELVIRE, Damoiselle de Chimene.

D. FERNAND, Roy de Castille.

D. ARIAS, Gentil-homme de Castille.

D. DIEGVE, Pere de Rodrigue.

D. SANCHE, amoureux de Chimene.

D. ALONSE, Gentil-homme de Castille.

LA SVITTE ET LE MARIAGE DV CID.

TRAGI-COMEDIE.

ACTE I.

D. RODRIGVE, CHIMENE, L'INFANTE, LEONOR, ELVIRE.

SCENE I.

D. RODRIGVE, CHIMENE.

D. RODRIGVE.

PVisque le Roy le veut il y faut consentir,
Ie n'y recule pas, Chimene il faut partir,
Les Mores derechef tâchent de nous combatre,
Mais il faut employer ces mains à les abatre.

A

Et monſtrer, s'il ſe peut, que ie ſuis genereux,
Et prudent à l'egal que ie ſuis amoureux.
Il faut, ſuiuant l'ardeur que cét âge me donne,
Deſſus leur ſepulture aſſurer la couronne,
Brouſer leur orgueil, rabatre leurs efforts,
Et qu'vn ſeul bras de mer engloutiſſe leurs corps ;
C'eſt en vain, c'eſt en vain que le More s'aſſemble,
Ou s'ils ſont tous vnis, c'eſt qu'ils mourront en-
ſemble.

CHIMENE.

Ces Hydres, juſtes Dieux, nous affligent toûjours,
Leurs projets & mes maux ont preſque vn méme
cours,
D'vne teſte coupée il en renait vne autre,
Ils n'ont point de deſſein que pour finir le nôtre.
Ie ne ſçay quel demon fait naitre leur orgueil,
Ils ne font plus de vœux que pour nôtre cercueil :
Auiourd'huy l'inſolence eſt iointe à leur courage,
Leur generoſité va iuſques à la rage,
Ils font mille projets, dont ils viennent à bout,
Et ces deſeſperez font des armes de tout.

D. RODRIGVE.

Ne mettez point leur mort ny la mienne en ba-
lance,
Iugez de leur foibleſſe, & voyez ma vaillance ;
Ne craignez point pour moy, vos cris ſont ſuperflus,
Eſperez ſeulement & ne vous plaignez plus.

CHIMENE.

Quoy? vous ne voulez pas, qu'auiourd'huy ie me
plaigne ?
Ah Rodrigue ! ſçachez qu'il faut bien que ie
craigne,
Que ie verſe des pleurs, puis que vôtre valeur
Commençant vôtre gloire a cauſé mon mal-heur,
Helas! ſi dans l'abord ie fus ſi bien deceuë,
N'ai-ie pas bien raiſon d'en ſoupçonner l'iſſuë?
Et ſi i'ay ſoûpiré dans le commencement,
Que ne ferai-ie point dedans l'euenement ?
O Ciel ! ce point d'honneur reuiuant dans ma me-
moire

Combattant pour l'honneur vous eûtes la victoire,
Le méme point d'honneur mit mon pere au cer-
cueil,
Vous en eûtes la gloire & l'en porte le dueil.

D. RODRIGVE.

Esperez vn beau iour apres tant de tenebres,
Vous quitterez bien-tôt tous ces habits funebres,
Perdez le souuenir de ces ressentimens
Ayez à mon sujet de meilleurs mouuemens.

CHIMENE.

Helas l'y tâche assez! mais en vain ie l'essaye
Vous sçauez que le sang sort encor de ma playe,
Que mille empéchemens combattent mon amour,
Et qu'enfin le deuoir veut regner à son tour :
Mais Rodrigue, pour vous mon amour le sur-
monte,
Et c'est pourquoy ce dueil me fait rougir de honte !
Aussi

D. RODRIGVE.

Madame vn mot, songez à cette fois
Qu'il faut pour mon repos oublier mes exploits,
Voir les extremitez où mon ame est rangée,
Ne vous estimer pas ingratte ny vangée,
Mais mé voir à vos pieds, & non pas au combat,
Me traitter en amant & non pas en soldat.

CHIMENE.

Adieu Rodrigue adieu, mon pere m'épouuante
Au moment que ie veux me dire ton amante :
Ie sors, ie n'en puis plus.   elle s'en veut aller.

D. RODRIGVE.

                         Est ce là cét adieu ?
Vous changez de dessein quand vous changez de
lieu,
Non, non, consolez vous, que ces yeux pleins de
flâme
Malgré ces habits noirs qui vont troublant vôtre
ame,
Et malgré ce deuoir qui creuse mon tombeau

Soient du moins dispensez de répandre de l'eau.

CHIMENE.

Rodrigue voulez-vous que ie sois insensible
Dans vn mal aparent, ou plutôt si visible?
Que parmy les dangers où preside la mort
Ie n'apprehende pas les caprices du sort?
Ie voy mon pere mort, on surprend ma patrie,
Cependant vôtre esprit ne veut pas que ie crie;
Vous combatrez bien tôt pour defendre le Roy,
Et vous ne voulez pas que ie craigne pour moy?
Laissez-moy mediter sur ce mal heur extréme,
Cherchez vôtre ennemi qui vous craint & vous
        aime :
Vous serez assuré d'en estre le vainqueur
S'il ne resiste pas plus long-temps que mon cœur.

D. RODRIGVE.   *elle sort.*

Vit-on iamais amant traitté de cette sorte?
Dieux!l'amour me retient lors que l'honneur m'em-
        porte,
Le More doit bien voir son tourment adouci,
Sentira-t'il mon cœur si le 'e laisse ici?
Si mon cœur auiourd'huy fait sa plus grande peine
Chimene le retient, qu'il craigne donc Chimene.
Mais tout presse Rodrigue; à quoy bon discourir?
Medite les moyens de le faire mourir,
Porte pour le punir tes effroyables armes,
Va répandre à ses pieds du sang au lieu de larmes,
Il t'a nommé son Cid pour marquer ton bon heur,
Sois donc encor son Cid, puisque Cid est seigneur,
De leurs corps entassez va faire des montagnes,
Fais rougir de leur sang les plus proches câpagnes,
Qu'ils benissent viuans leur sacrificateur,
En vn mot qu'en mourans ils ayment leur vain-
        queur.

SCENE II.

L'INFANTE, LEONOR.

L'INFANTE.

Eonor c'est en vain que ie me veux con-
　　traindre,
Autrefois ie brûllay, mais ie n'ofay me
　　plaindre,
Ou fi le foûpiray, c'est fi feeretement
Qu'à peine a t'on connu mon aimable tourment,
I'auois celé mon feu, mais l'excez de ma flâme
A paru dans mes yeux auffi bien qu'en mon ame;
Cent foisi'ay fait parêtre vne feinte froideur
Pour cacher finement ma veritable ardeur,
Mais enfin le respect auec fa tyrannie
N'a point donné de borne à ma peine infinie,
Non, non, il n'est plus temps de le diffimuler,
Ie crains, j'ayme, j'adore, & ie me fens brûler,
Rodrigue,

LEONOR.

C'est affez, la chofe eft manifefte,
Et ce nom feulement me fait iuger du refte :
Mais, à quoy fongez-vous? penfez à vôtre rang.

L'INFANTE.

Ne me propofe point mon fceptre ny mon fang,
Confirme les deffeins que fa vertu me donne,
Ne me fais pas porter les yeux fur la couronne,
Donne-moy pour me plaire vn meilleur entretien,
Cars'il ne la poffede il la merite bien,
Son bras ferme & fidelle a fauué fa patrie,
Vn chacun le regarde auec idolatrie,
Ie luy dois mon falut, & tu ne permets pas
Que pour moi fon merite ait de fi doux apas.

L E O N O R.

Ie l'aduouë il eft vray, ſes vertus ont des charmes,
Mais vous ne deuez pas en répandre des larmes,
Qu'il vous ait pour maiſtreſſe, & qu'il luy ſoit per-
     mis
De triompher de vous comme des ennnemis,
Qu'vn excez de bonté eterniſſe vôtre gloire ;
Qu'vn ſceptre ſoit le prix d'vne telle victoire ;
Qu'il ſoit à l'auenir dans le nombre des Rois ;
Qu'éleué ſur vn thrône il vous faſſe des loix ;
Qu'il reuere les yeux de la fille du Comte ;
Qu'il faſſe ſa fortune en faiſant vôtre honte ;
Madame, vn tel éclat dont il pourroit iouyr
Le pourroit aueugler, ou du moins l'éblouyr.

L' I N F A N T E.

Quand il aura fini l'entrepriſe du More,
ie l'aymeray ſans doute à l'égal qu'il m'honore,
Ie veux le receuoir en mes bras triomphant.

L E O N O R.

Ne croyez pas l'amour, puis que c'eſt vn enfant,
Mais croyez Leonor, & s'il vous eſt poſſible
Que ſes premiers exploits vous treuuent moins ſen-
     ſible ,
Si ce n'eſt que ſon cœur qui vous va deceuant,
Vous pouuez l'eſtimer ſans aller plus auant ,
Donner à ſa valeur d'exceſſiues loüanges,
Parler par fois de luy comme on parle des Anges:
Mais Madame apres tout eſt on forcé d'aymer,
Ce qu'on eſt bien ſouuent obligé d'eſtimer ?
I'eſtime des bontez, dont ie hay les perſonnes,
Et quelquefois des Rois, dont i'ayme les couronnes.

L' I N F A N T E.

Lors que tu ſentiras vn feu comme le mien,
Tu pourras reuerer vn cœur comme le ſien ;
Tu ne peux pas ſçauoir comme le ſort me braue,
Tu parles comme libre, & ie parle en eſclaue ;
Ie ne diſpoſe plus de mes bons ſentimens,
L'amour ſçait empécher mes plus ſains mouue-
     mens ;

Neantmoins ie foufcris à mon defauantage,
Si i'ay de la raifon ie n'en ay pas l'vfage ;
Mais quand bien ie l'aurois, ah ie ne voudrois pas
Qu'il m'empéchât d'aimer fes aimables apas.
Témoigne moins d'ardeur & moins de diligence :
Ie fçai que tu n'es pas de mon intelligence ;
Que mon fang, Leonor, le refpect & l'honneur
Opofent leurs confeils au cours de mon bon heur ;
Que ie defcends du rang dans lequel ie fuis née,
Et que ie me trahis par vn tel Hymenée.
Mais feule ie me crois, ce deuoir m'eft fufpect,
Et mon amour l'emporte au deffus du refpect.
Ce n'eft condition, ni titre qui m'irrite,
S'il n'eft Roi de naiffance, il l'eft bien de merite,
Et s'il ne regne pas ayant tant combatu,
C'eft manque de bon-heur, & non pas de vertu.
Au refte s'en eft fait, quoi que tu me confeilles,
Quelque iufte raifon qui frappe mes oreilles,
Et quelque dure loi qu'on me puiffe impofer
Pour lui plêre vne fois ie pourrai tout ofer.
Mais pour des ennemis i'en ay beaucoup en tefte,
Vn principalement empefche ma conquefte,
Il me glace les fens quand il doit m'échaufer,
Il ne combat jamés, mais il fçait triompher,
Son vifage & fon port me donnent de la pêne,
Il bleffe de fes yeux; en vn mot c'eft Chimene.

L E O N O R.

Puis que cette Chimene eft tant à redouter
Vous ferez voftre bien en daignant m'écouter.

L' I N F A N T E.

Pour en venir à bout, il faut vn peu d'amorce,
L'adreffe fera tout au defaut de la force.
I'ay beaucoup de moyens de luy donner la loy,
Puis que le defefpoir s'entend auecque moy :
Les poifons & le fang, le fer, les precipices
Me rendront à la fin toutes chofes propices :
Enfin l'inuention m'aportera ce bien,
L'efprit agit fouuent, où la main ne peut rien.

L E O N O R.

Pardonnez fi ie dis que vôtre ame eft troublée.

A iiij

L'INFANTE.

Ma fiévre Leonor, est aussi redoublée,
Ce nom le plus souuent me fait fremir d'horreur,
Et change en vn moment mon amour en fureur:
Sers moy donc Leonor, & que ta confidence
Ne mette pas vn iour ma flâme en euidence;
Si tu me veux seruir que ce soit sans regret,
Et tiens pour m'obliger ce mystere secret :
Mais premier promets-moy de te monstrer fidelle,
Au point que d'apreuuer vne flâme si belle,
Ie net'oblige à rien, si tu me veux rauir
Ta seule affection t'oblige à me seruir.

LEONOR.

Quoy.

L'INFANTE.

Ne propose rien, fais tout en assurance,
Et pour me donner tout, donne moy l'esperance,

LEONOR.

Ie n'y recule plus, le sort en est ietté,
Madame esperez tout de ma fidelité.

L'INFANTE.

Tu sçauras mon dessein, tâche donc de lesuiure,
Tu peux bien m'obliger me pouuant faire viur.

SCENE III.

CHIMENE, ELVIRE.

CHIMENE.

AI-je bien du sujet de me plaindre du fort,
Dois-je pas soûpirer au milieu de la mort?
Eluire tu me vois, & tu connois ma peine,
Les hommes ont iuré la perte de Chimene,
Et les Dieux dans ce mal qui rend mes sens confus,
M'aimeront seulement quand ie ne seray plus,
I'espere en mon amant, mais l'ombre de mon
      pere
En s'offrant à mes yeux ne veut pas que i'espere,
Et presentant son sang me semble reprocher
Le crime que ie fais & que ie tiens si cher,
De deux extremitez mon ame est combatuë,
Cét amant me fait viure, & cette ombre me tue,
Les cendres de mon pere éteignent tous mes feux,
Son sang me fait rougir & condamne mes vœux,
Rodrigue d'autre part me témoignant sa flâme
Vient me resusciter & r'assurer mon ame,
Et me fait confesser dans ce douteux mal heur
Que pechant de la sorte il pecha par honneur,
Que dedans nôtre Hymen tout nous sera prospere,
Que ses pleurs ont payé tout le sang de mon pere,
Que ce mal heur present ne se peut soulager,
Ou qu'vn bien auenir m'en doit bien tôt vanger:
Il a receu ma foi dans la même iournée
Qu'on deuoit celebrer vn si iuste Hymenée,
Et que cét accident si triste & si nouueau
L'arrachant de mon lit mit mon pere au tom-
      beau.

ELVIRE.

C'est inutilement vous ofrir vn remede,

Puisqu’on n’en treuue point au mal qui vous pof-
  fede :
Les confeils les plus forts feroient hors de faifon,
Efperez moins de moy que de vôtre raifon,
Vous avez témoigné quelque effort de conftance,
Alors que vôtre amour fit tant de refiftance,
Et qu’entre le deuoir & l’ardente amitié
Vous manquâtes d’vn coup de flâme & de pitié.

CHIMENE.

Cette mort n’ût pas fait ma plus grande allege-
  ance !
I’ay fouhaité fa vie en cherchant ma vengeance,
I’us peur de fon trépas quand ie l’us medité :
Il aperçut ma haine & ma fidelité,
Ie mis pour quelque temps l’vne & l’autre en ba-
  lance,
Et quand elle a panché c’eft à la violence.
I’excufay fa valeur quand ie la condannay,
Ie le retins pourtant quand ie l’abandonnay,
Voyant fon efperance & fon ame abatuë,
Ié voulu feulement le banir de ma veuë :
Mais mon cœur, quoy qu’il fut touché de fon for-
  fait,
Ne pût pas s’empefcher d’en garder le portrait

ELVIRE.

Sans doute que vos fens ont perdu leur vfage,
Banir l’original dont vous gardez l’image,
Adorer la perfonne & detefter le bras,
Montrer de la douceur à qui n’en montra pas,
Entreprendre fa perte, & tout d’vn coup la crain-
  dre,
C’eft ce qui vous aflige & ce qui me fait plaindre.

CHIMENE.

Tu rens, par ce difcours tous mes fens interdits,
Eluire i’en ay fait bien plus que tu ne dis,
Ie demanday fa mort, i’y cherchay des obftacles,
Mais ce Dieu que ie fers fait bien d’autres mira-
  cles,
Ie formay ce deffein, ie voulu l’étoufer,
Et ie voulu combatre, & non pas triompher.

Iuge par ce recit si ma douleur est vraye,
Regarde ma premiere & ma derniere playe.

ELVIRE.

Il est vray ie vous plains,   & cette affection
Est bien digne de blâme & de compassion :
Ie ne puis sans raison desauoüer son crime,
Et ie n'ose auoüer vôtre amour legitime.
On ne peut condanner vôtre efet ny le sien.
Puis qu'il ne fit pas mal, & que vous faites bien ,
Ne cherchant pas la mort il viuoit dans la honte
Et pour vanger son pere il a tué le Comte,
L'amour qui vous ioignoit parut dans vôtre sein,
Et l'honneur seulement inspira son dessein :
Si bien que balançant son droit auec le vôtre,
L'honneur fit pecher l'vn,   l'amour fit pecher l'au-
          tre,
Et dans le triste état qu'on vous treuue auiourd'hui,
Et l'amour & l'honneur causent tout vôtre ennui.

CHIMENE.

Du moins éforce toy de soulager Chimene,
Puis qu'on ne treuue point de remede à sa pêne :
Tache à me consoler en me voyant perir ,
Et diminuë vn mal qu'on ne peut pas guerir :
Ne te ressouuiens plus de ce mal-heur funeste,
Puis qu'il m'est trop sensible, & qu'il t'est manifeste
Pour vn cruel tourment qu'on veut dissimuler,
Sçache que le meilleur est de n'en point parler,
Mais tu conféfferas que Rodrigue a des charmes,
Contre qui la raison n'a pas de fortes armes,
Qu'on se defend tres mal quand il attaque bien,
Qu'ô ne voit point d'esprit qui soit sêblable au siē,
Qu'il a des qualitez à tenter vn barbare,
Que sa fortune est belle, & sa vertu tres-rare.

ELVIRE.

Ouy cette verité se doit bien auoüer,
Mais vous en pouuez bien parler sans le loüer
A la Cour, en Castille, ou bien dedans l'armée;
Laissez en seulement parler la renommée,
Aimez le s'il se peut tout autant que les Dieux,
Mais en le loüant moins vous ferez vn peu mieux,

Ne soyez pas d'abord si facile à vous rendre,
Cachez pour quelque temps vôtre feu sous la cēdre,
Et le temps expiré l'excez de cette amour,
Qui gêne vôtre esprit peut éclatter au Iour.

CHIMENE.

Elulre se peut-il que mon cœur dissimule ?
Qu'on me treuue de glace au moment que Iebrûle?
Que I'augmente par là tant de tourmens soufert ?
Et qu'on me pensefibre au milieu de mes fers ?
Allons; dedans l'état mal-heureux où nous sommes
Ie crains les Dieux pour moi, pour Rodrigue les
        hommes.
Verrois ie bien perir presque dans vn moment,
Mon païs, mon honneur, mon pere, & mon amant!

Fin du premier Acte.

ARGVMENT
DV SECOND ACTE.

ARIAS par la priere de Rodrigue, & par la necessité, est contraint d'aller aduertir Dom Fernand, du malheur où les Mores les ont reduits ; & luy dit que sans son assistance il est bien malaisé d'esperer quelque chose à son auantage. D. Fernand croyant des-ja tout perdu, renuoye vn renfort ; & se console dans l'esperance que luy donne D. Diegue de la fidelité, & de la valeur de Rodrigue. Comme cette nouuelle fut bien-tôt épanduë, l'Infante se seruit de l'occasion, & pria Leonor de persuader à Chimene la mort de Rodrigue, croyant par cette feinte la porter au desespoir, & s'imaginant que son dessein reüssiroit par ce moyē dans le premier qu'elle auoit fait de posseder Rodrigue. D. Sanche cependant amoureux de Chimene, non contant d'auoir épreuué la courtesie de Rodrigue, fais

de nouueaux projets pour cette beauté, &
malgré le deuoir & toutes les ciuilitez
que luy défendoit cette amour, se propose
de l'aymer encore. Chimene tremble à la
veüe de Leonor, pâme à la nouuelle de
la mort de Rodrigue, & cherche tous les
moyens de mourir estant seule, n'estimant
pas honneste de suruiure à la perte de son
pere & de son amant.

ACTE II.

LE ROY, D. ARIAS, D. DIEGVE,
L'INFANTE, LEONOR, D. SANCHE,
CHIMENE, ELVIRE.

SCENE I.

D. ARIAS, LE ROY,
D. DIEGVE.

D. ARIAS.

IL eſt vrai que nos gens n'ont pas eu l'auan-
tage,
Nous auons tout perdu, ſi ce n'eſt le cou-
rage :
Mais puiſque le paſſé ne peut pas reuenir,
Que vôtre Majeſté donne ordre à l'aduenir.

LE ROY.

Comment donc, Arias, la bataille eſt perduë ?
Nous faiſons maintenant des deſſeins dans la
nuë,
Les aſtres aujourd'hui nous ſont injurieux,
Et tout nôtre ſecours ne dépend que des Dieux ;
Qu'à d'étranges mal-heurs la fortune me ran-
ge !

Que j'épreuue aujourd'hui son caprice & son
    change !
Et que les plus grands Rois comparez aux ber-
    gers
Epreuuent d'accidens, & courent de dangers !
Qu'vn sceptre est odieux à qui le sçait connétre,
Et que qui n'est point Roy doit bien craindre de
    l'être !
Le thrône où mes sujets m'ont veu souuent monté,
A parler sainement n'est qu'vne vanité ;
Les couronnes, l'honneur, les thresors, les Pro-
    uinces.
Les triomphes, la gloire & l'ornement des Prin-
    ces ;
En vn mot ce qui peut leur donner des ialoux
N'est rien qu'vn faux éclat qui les aueugle tous ;
Les Rois sont haut montez, & c'est par là possible,
Si peu qu'ils puissent choir, que leur chutte est
    horrible,
Et tu vois cependant qu'ils ont mille trauaux,
Et pour de faux plésirs de veritables maux,
Que ceux là sont heureux qui se peuuent connê-
    tre !
Mais cent fois plus heureux ceux qui n'ont point eu
    l'être.

D. A R I A S.

C'est en vain que ie fais des efors pour parler,
Dans vn si grand mal-heur peut-on vous consa-
    ler ?
Vous pouuez témoigner qu'autrefois l'vs des ter-
    mes,
Dont le poids a rendu des esprits assez fermes :
Mais dans le triste état où nous reduit le sort,
Ie ne me resous plus moi même qu'à la mort.

L E R O Y.

L'vsage dés long-temps m'a fait assez parêtre,
Qu'il faut du moins finir, qu'on ne peut toûjours
    être,
Et qu'enfin nôtre esprit, quoi qu'il soit retenu,
Doit retourner au lieu duquel il est venu,
Il se faut consoler : ce qui fut Alexandre,

N'eſt pas même auiourd'huy ſeulement de la cen-
dre.
Les plus ſimples ſujets & les Rois pleins d'orgueil
Entrent également dans vn commun cercueil,
La terre eſt leur ſepulchre auſſi bien que leur
mere,
C'eſt là que nous deuons finir nôtre miſere,
Et que tant de mal heurs auec tous leurs eſors,
Seront enſeuelis auſſi bien que nos corps.
Ma raiſon cede icy, la fureur me ſurmonte:
Ie ne crains pas la mort, ie ne crains que ma
honte,
Et i'ay peur ſeulement que la poſterité
Sçache mon infortune, & ma captiuité.
Ce n'eſt pas le premier qui s'eſt veu miſerable,
D'autres ont rencontré le ſort moins fauorable,
Et les plus ignorants dans l'hiſtoire des Rois
En ont treuué reduits à ces derniers abois.
La fortune conduit diuerſement ſa roüe,
Nous y ſommes cloüez, c'eſt de nous qu'elle ioüe:
Iuſtes Dieux! Dom Fernand ſeroit il bien ſoumis
A receuoir la loy de tous ſes ennemis?
Preſque dans vn moment ma gloire eſt étoufée,
Le More ſur ma perte éleue ſon trophée,
Mon tombeau luy doit eſtre vn degré pour mon-
ter
Dans le thrône qu'il veut, & qu'il luy faut quit-
ter.
Que ie me ſens confus dans l'état où nous ſommes,
Qui deurois je accuſer, ou des Dieux, ou des hom-
mes ?
Mais qu'a donc fait Rodrigue.

D. ARIAS.

Apres beaucoup d'éfors,
Ayant conſideré le nombre de ſes morts,
Il prit ceux qui reſtoient, & ſa rare vaillance
Mit dans tous les eſprits la victoire en balance,
Mais nous eſtions ſi peu que chacun fut contraint
D'éuiter le danger qu'il auoit deſ-ja craint.
Rodrigue toutesfois ne palit pas encore,
Tout impuiſſant qu'il eſt, il fait craindre le
More,

B iij

Et si tost qu'il aura quelque petit renfort,
Il dit qu'il en attend la victoire, ou la mort.

LE ROY.

Ouy, pour nostre salut contentons son enuie,
Ie lui deurai beaucoup si je lui dois la vie,
Il n'a pas étoufé sa premiere vertu,
Que na-t'il point tenté pour mon sceptre abatu!
N'a-t'il pas releué l'éclat de ma couronne,
Et quand i'ay de l'espoir c'est lui seul qui m'en
  donne,

D. DIEGVE.

SIRE, ie suis certain que vostre Majesté
Pourra treuuer son bien dans sa fidelité:
Il herita de moi ce puissant auantage,
Le Ciel en le formant lui donna mon courage,
Et pour le rendre digne & des Dieux & du Roy,
Il falloit qu'il fut fils d'vn tel pere que moi;
Combien ai je pour vous remporté de victoires,
Combien ai je grossi de volumes d'histoires?
Et lors que ma puissance a suiui ma valeur,
Combien de fois braué la mort & le mal-heur,
Afronter les destins, & dessous les murailles
Pour le salut commun chercher mes funerailles,
Parêtre tout sanglant au milieu du combat.
Combatre dans le choc comme vn autre soldat,
Soufrir la faim, la soif, la fatigue & les veilles,
Tenter pour cét état de plus grandes merueilles,
Ie n'en parlerois pas, mais vous pouuez sçauoir
Que c'est ce que i'ay fait quand i'en eus le pouuoir,
Maintenant par mal heur la vigueur me de-
  laisse,
Ie n'ai presque plus rien n'ayant plus de ieunesse,
Sinon vn peu de sang, mais de telle façon,
Que tout ce que i'en ai n'est plus rien qu'vn glaçon;
Mais mon fils maintenant ne peut moins entre-
  prendre,
Comme vn nouueau Phœnix il renaist de ma
  cendre,
Connessant ma foiblesse, il me vient releuer,
Il poursuit vn chemin, ie ne pû l'acheuer,
Car cét âge me rend & si foible, & si sombre,

Que ie ne suis qu'vn corps, dont la mort se dit l'ombre.

LE ROY.

Dom Diegue ie sçai bien le nombre de vos faits,
Vôtre âge ne rend pas vos exploits imparfaits,
La Castille les sçait, & moi ie les publie
A tous ceux de ma Cour de peur qu'on les oublie :
Et Rodrigue surtout les fait bien retenir
A ceux qui n'ont pas droit de s'en ressouuenir.
Mais donnons le secours à qui nous en demande,
Et s'il en sçait vser sa fortune est trop grande :
Faisons vitte sa gloire en faisant nôtre bien,
Qu'il mette en seureté son salut & le mien,
Que n'ai je, justes Dieux, cette force premiere,
Le More me craindroit, il perdroit la lumiere,
Et ie serois certain d'ē estre le vainqueur,
Si mes bras estoient grands à l'égal de mon cœur.

D. DIEGVE.

Il est vrai nous auons quelque sujet de crainte,
Mais non pas iusque au point d'en former vne
plainte,
On cherche nos mal heurs, vous estes combatu,
Mais la prosperité n'est pas vne vertu :
Vous pouuez aquerir ce qu'aquit Alexandre,
Et vous pouuez monter quand on vous fait des-
cendre.

LE ROY.

Considere pourtant comme le sort agit,
Nous perdons tant de sang que la terre en rougit.
La crainte de la mort rend mes sujets timides,
Et tous mes ennemis sont autant d'homicides.

D. DIEGVE.

Vne semblable gloire a pour vous des apas,
Mais les aduersitez ne vous affligent pas,
Vn grand Roy comme vous que le sort importu-
ne,
Ne change point de cœur en changeant de for-
tune
Aujourd'hui vôtre état n'est pas si florissant,)

Mais pour le bien remettre estes-vous impuissant,
Non, Rodrigue étendra par la fin de la guerre,
Ce Roiaume & sa gloire aux deux bouts de la
    terre,
Songez qu'il vit encore.

L E   R O Y.

          A ce nom seulement
Ie me tiens assuré, ie banis mon tourment,
Ne differons donc plus à lui donner de l'aide,
Rodrigue de mes maux est le dernier remede.

SCENE II.

L'INFANTE, LEONOR,

L'INFANTE.

Ecy nous doit feruir dans ce puiſſant ma-
   lheur,
Soulageons s'il ſe peut vne extréme dou-
   leur,
N'ayant point de ſujet pour accuſer Chimene,
Ne pouuant iuſtement l'immoler à ma haine,
Et ne rencontrant rien qui ne me ſoit ſuſpect,
En ce cas le poiſon fera moins qu'vn regret.
Prenons l'occaſion, & luy faiſons acroire
Que Rodrigue a perdu la moitié de ſa gloire,
Qu'elle n'a pas raiſon d'eſperer ſon retour,
Qu'on l'a pris, en vn mot qu'il a perdu le iour,
Lors ſes ſens agiront, mais d'vne telle ſorte
Que le tenant pour mort, ie la croy des-ja morte:
Tu n'en peux pas douter, l'aymant parfaite-
   ment,
Cecy la portera dedans le monument.
Iuge par ſon humeur, & voy par l'apparence
Que la mort auſſi-toſt fera ſon eſperance,
Et que le deſeſpoir pour en venir à bout
Dans cette extremité luy preſentera tout.
Mais en fin, Leonor, ne ſois pas infidele,
Exerce ton eſprit portant cette nouuelle,
Ne la conſole pas, bien loing de la guerir,
Inuente mille mots qui la faſſent mourir:
Feins ſelon mon deſſein, rends ſon ame abatuë,
Et raconte luy tout d'vn accent qui la tuë.

LEONOR. *elle ſort.*

I'y vais, puis qu'il vous plaiſt, ie ſçauray mé-
   nager
Vne ſemblable feinte afin de vous vanger.

L'INFANTE.

Son Amant qui brûloit se treuuera de glace,
La voyant sans beauté, sans couleur & sans grace,
Dans le ressouuenir de leur ferme amitié,
Il sera sans amour, mais non pas sans pitié :
Le temps conduira tout, & sa flâme premiere
Ne poura pas durer en manquant de matiere.
Si bien qu'ayant perdu ce bel objet vainqueur,
Ie pourray librement disposer de son cœur,
Lors mes desseins par tout treuueront vne voye,
Tous mes sens gouteront vne parfaite ioye,
I'entretiendray Rodrigue, & lors mille plaisirs
Succederont sans doute à mes iustes desirs.

SCENE III.

D. SANCHE.

Ains & foibles respects ennemis de mon
   ame,
Ne m'importunez plus d'esteindre cette
   flâme,
L'amour veut malgré vous que i'acheue d'agir
Dans vn dessein honteux, dont ie ne puis rougir:
Ce que vous propofez semble estre legitime,
Et ma raison s'opofe à l'horreur de mon crime:
Ie sçay bien dés long temps qu'elle a donné sa foy,
Que ie m'en vais trahir, & Rodrigue, & le Roy,
Que si le Ciel est iuste il faut que ie perisse,
Que la honte ou la mort doit estre mon supplice,
Que les plus grands malheurs ne m'abandonnent
   pas,
Et qu'ils suiuët par tout, & mon ombre, & mes pas
N'importe, il vaut bien mieux estre son homicide,
Celuy qui veut la mort, du moins n'est pas timide,
Et pour cette beauté le trépas est si beau,
Qu'vn thrône à mon àuis vaut moins que ce tom-
   beau:
Mais ie trahis Rodrigue, & le seul nom de traître,
Pour cette lacheté me doit faire connêtre.
Sortez, sortez pensers, c'est trop m'entretenir,
Si vous m'estes cruels, faut-il vous retenir?
Que ie ne viue plus dedans cette contrainte,
Ce qui doit m'arriuer est bien moins que ma crain-
   te:
Il ne faut qu'vn trépas pour finir ma vigueur,
Et ie soufre auiourd'huy tous les maux, dont i'ai
   peur:
Voyons donc si l'amour est payé de la hayne,

Il eſt temps d'adoucir, ou d'acrêtre ma pêne,
Rodrigue eſt au combat, & ſon eloignement
Pourra bien me ſeruir à finir ſon tourment:
Peut-eſtre à ce ſujet ſera t'il tres facile
De treuuer à Chimene vn eſprit plus docile,
L'abſence diminuë ; vn ennuy violent
Change par fois l'humeur, & rend vn feu plus lent;
Mais ce qui d'ordinaire eſt offert à la veuë,
Touche ſenſiblement, rend l'ame plus émeuë:
Imprime ſon pouuoir auec facilité,
Et ſouuant dans nos cœurs graue ſa qualité !
Que s'il vient à paſſer, cette image ſe paſſe,
La raiſon n'en veut plus, & le temps nous l'efface.
Allons donc la treuuer dans cette occaſion,
Et que mon ſang plûtoſt preuue ma paſſion:
Adorable Chimene, objet ſeul de mon ame,
Verrez vous ſans bruler la grandeur de ma flâme?
Au moins ſi mon amour ne vous met en courroux,
Plaignez moy ſi ie meurs, car ie mourray pour
    vous.

SCENE

SCENE IV.

CHIMENE, LEONOR, ELVIRE.

CHIMENE.

Ie ſçauois au moins deſſous quelles mu-
    railles
Mon ſang honoreroit ſes nobles fune-
    railles,
Et malgré le deſtin pour vn ſuiet ſi beau,
A la fin nous n'aurions que le meſme tombeau.

LEONOR.

Que le ſort eſt ſeuere aux plus aimables choſes,
Il met toute ſa pêne à détruire les roſes,
Et les plus rares fleurs qui naiſſent le matin,
D'ordinaire le ſoir approchent de leur fin.
Rodrigue eſt mort de même, & l'éclat de ſa vie
Eſtoit trop peu commun pour éuiter l'enuie:
Encore eſt-ce beaucoup ayant ſi peu veſcu,
De peur qu'il vainquit tout, que la mort l'aie
    vaincu :
Vous ſçauez qu'il a fait tout ce qu'on pouuoit
    faire,
Mais pour nos ennemis ſa mort fut neceſſere,
Et le Ciel qui le ſoufre & qui l'a veu mourir,
Par ce triſte moien a creu les ſecourir.

CHIMENE.

Ne le repetez plus, & ſi mon mal vous touche,

Gardez vous bien vn iour d'en ouurir vôtre bou-
  che :
Laiſſez-moi quelque temps afin de m'obliger
Dans ce funeſte êtat, tout ſert à m'afliger.

E L V I R E.

Madame à quel propos ?

C H I M E N E.

                    Obeys-moi ſans crainte,
C'eſt me donner beaucoup que permettre ma
  plainte.

SCENE V.

CHIMENE seule.

Niuste & dure loy de mon funeste sort,
Qui tint jadis ma voix, & mon ame en con-
    trainte,
Ne viens plus t'oposer dans ce dernier efort
    A la liberté de ma plainte,
Tu sçais que ie n'ay plus esperance, ni crainte,
    Et que mon aimable vainqueur
Ne vit plus ici bas si ce n'est dans mon cœur.

Pour mon soulagement ie plaindrai mes malheurs,
Maigré les loix d'honneur, & ses vaines chimeres.
Mais ie veux que mes yeux répandent tant de
    pleurs,
    Que mes desseins me soient prosperes,
Et qu'en fin mes soûpirs ainsi que des viperes
    Dans ce dernier éfet d'amour,
Me donnent le trépas pour leur donner le iour.

Qu'esperai-ie aussi bien de la bonté des Dieux?
Rodrigue ne vit plus, & mon pere est enterre,
Ce qui fut mon espoir est mort presque à mes yeux,
    Et l'autre est mort dedans la guerre,
Rodrigue estoit mon cœur, mais le tombeau l'en-
    ferre :
    Si bien qu'en ce tourment nouueau,
Ie voi mon esperance, & mon cœur au tombeau.

C ij

Au point qu'vn feu si pur faisoit tous mes plésirs,
De deux forts ennemis ie me vis poursuiuie,
Aussi tost que l'amour appreuua mes desirs ;
    L'honneur étoufa mon enuie,
L'vn m'a fait estimer, l'autre a noirci ma vie:
    Et ces deux me croiant guerir,
Ne m'ont point fait encor, ni viure, ni mourir.

Iuste ressentiment, & de sang, & d'amour,
Faut-il qu'en ce mal-heur Rodrigue m'entretienne,
Il a donné la mort à qui ie dois le iour,
    Sa perte a commencé la mienne ;
Il la vient auiourd'huy d'acheuer par la sienne,
    Montrons donc iusque au monument
La pitié pour le pere, & l'amour pour l'Amant.

Mes sens dans ce dessein ne sont pas égarez,
Le trépas pour ces deux est noble, ce me semble,
Et pource que la mort nous a tous separez,
    Il faut que la mort nous rassemble,
Ils sont morts pour l'honneur, puis que ie leur ressemble,
    Portant enuie à leur bon-heur,
Ie veux aussi les suiure, & mourir par honneur.

Ne differe donc plus, le sort en est ietté,
Puis qu'aussi bien tu vois ton esperance vaine,
Qui cherche le trépas, cherche sa liberté,

Et treuue la fin de sa pêne.
Témoigne ta pitié paressant inhumêne,
Et fais voir qu'en perdant le iour
L'honneur te fait mourir auffi bien que l'amour.

Fin du second Acte.

ARGVMENT
DV TROISIEME ACTE.

DOM RODRIGVE *se resioüit auec Dom Alonse de la victoire qu'ils ont obtenuë sur les Mores; & luy même en va porter le premier la nouuelle au Roy. L'Infante dans l'impatience & dans le desir de faire mourir Chimene pour se faciliter l'amour de Rodrigue, aprend de Leonor ce qu'elle n'en vouloit pas aprendre, & treuue l'esprit de cette confidente dans le repentir d'auoir persuadé à Chimene la fausse nouuelle de la mort de son Amant; & contre ses sentimens, & quelques menaces apparentes*

qu'elle lui fait d'en aduertir le Roy ; de-
libere de conduire ses desseins à vn dernier but. Rodrigue cependant instruit le
Roy, de la victoire de ses ennemis, qui se
propose mille profusions dans son esprit
pour la recompense de Rodrigue. Chimene croyant son Amant perdu, veut re-
courir aux dernieres extremitez, & dans
ce temps méme elle voit Rodrigue ; ce qui
la rend si confuse, qu'à pene peut-elle
treuuer dequoi faire vn raisonnement:
leur ioie est troublée par la nouuelle veritable que leur donne D. Arias de la
colere du Roy qui auoit changé les premiers desseins qu'il auoit faits à l'aduantage de Rodrigue, à cause des assurances
que Leonor lui auoit données de l'amour
de l'Infante ; & pour la crainte dont il
estoit préuenu que cette passion aporteroit
vn grand desordre dans son Estat.

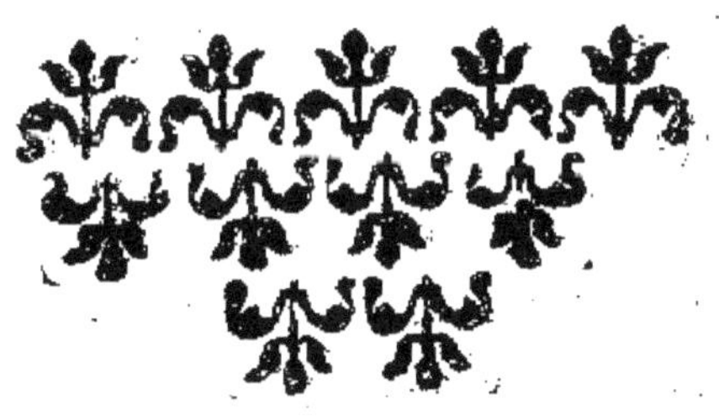

ACTE III.

D. RODRIGVE, D. ALONSE, L'INFANTE,

LEONOR, LE ROY, CHIMENE,

ELVIRE, D. ARIAS.

SCENE I.

D. RODRIGVE, D. ALONSE.

D. RODRIGVE.

Lonsẽ ta valeur aida bien à ma gloire,
Il reste à triompher apres cette victoire,
Nos ennemis sont morts, leurs desseins rui-
    nez
Ne les rendront jamais à ma perte obstinez ;
Ils n'ont pas eu loisir de faire vne retraite,
Ce renfort a causé leur entiere défaite ;
Nôtre conduite, ami, les dût bien étonner,
Ils ont beu le poison qu'ils nous vouloient donner :
Ces barbares contre eux excitoient ces tempestes,
Et depuis peu leurs traits ont tombé sur leurs testes,
Deuoient-ils pas songer, & preuoir ci-deuant,
Que leur plus grand espoir se fondoit sur du vent ?
Et nous n'auons pas craint qu'ils pussent nous sur-
    prendre,
Car leurs propres filets n'ont serui qu'à les prendre.
C iiij

A L O N S E.

Nous n'aprehendons plus, mais apres ces combats
Il se faut reposer, mettons les armes bas :
Il est temps d'étoufer nôtre premiere plainte,
D'aller treuuer le Roy, de le tirer de crainte,
Et de faire auouër comme amant & guerrier,
Qu'on vous doit couronner de myrthe & de lau-
    rier :
Quand vn sort rigoureux tenoit l'état en butte,
Vous l'auez releué d'vne terrible chutte;
Et par vôtre valeur, & par vôtre vertu
Nous auons veu le More à vos pieds abatu :
Mais étonnons le Roy par vne ardeur si forte,
Allons ressusciter son esperance morte,
Qu'il benisse le Ciel, qu'il vous traitte en vainqueur,
Et qu'apres ce combat il dissipe sa peur,
On ne peut pas répondre à des bien-faits si rares.

D. RODRIGVE.

Alonse il est bien vrai, i'ai vaincu ces barbares,
I'ai releué l'état, ie rassure le Roi,
Mais vn autre m'attaque, & triomphe de moi,
I'éuite le combat, & ie treuue des charmes
A receuoir ses loix, à lui rendre les armes,
A manquer tous les iours, & d'adresse, & de cœur,
Bref à me voir soûmis aux pieds de mon vainqueur.

D. A L O N S E.

Vous parlez de Chimene assurément.

D. RODRIGVE.

                   C'est elle
Qui me fait son captif, & qui me rend fidelle,
Et i'ai tant de plésir dans ma captiuité,
Qu'au prix d'vn bien si doux ie hay ma liberté :
Mais saluons le Roy, l'Infante, & ma Chimene,
Et nous les tirerons d'vne incroyable pêne.

SCENE. II.

L'INFANTE, LEONOR.

L'INFANTE.

Ais enfin par ton air, & par tes mouuemens
As tu bien exprimé mes iustes sentimens?
Croit-elle pas sa mort?

LEONOR.

Que trop, que trop, Madame,
Et i'en ai maintenant mille remords dans l'ame,
Que si le desespoir attaque sa raison,
Qu'elle auance ses iours pour sortir de prison,
Qu'elle coure bien tôt à quelque mort cruelle:
Hé, Madame, songez que ie suis criminelle,
Que vous me contraignez dedans cette action,
Pour laquelle mon cœur a de l'auersion,
Qu'auec le repentir ma vie est languissante,
Et que ie fais mourir vne pauure inocente.

L'INFANTE.

O Dieux puis je soufrir vn semblable entretien!
Quoi? tu te repens donc de m'auoir fait du bien?
Ingrate Leonor, parois-tu genereuse
A me rendre à jamês confuse & mal heureuse?
Ce qui me releua, maintenant me détruit,
Et ce qui m'allegea m'importune & me nuit.

LEONOR.

Ie reconnois des Dieux, le remords de mon crime
M'en doit faire obtenir vn pardon legitime,
Trahir ainsi Chimene, & pour vous contenter
Causer vn desespoir, qu'on ne peut arrester;
Perdre de la façon vôtre honneur pour vous plére,
Connêtre vos douleurs, & vous plaindre, & se taire.
Ah! ce que i'en ai fait rend mes esprits confus,

Songez de grace à vous, & ne m'en parlez plus.

L'INFANTE.

Bien loing de prendre part au souci qui me touche,
Tu ne permettras pas que i'en ouure la bouche,
Quelle humeur, Leonor, vous oblige à changer?
Aimez ses interests, tachez de la vanger.

LEONOR.

Ie fais vôtre profit, & soyez tres-certene,
Que vôtre honneur m'est plus que celui de Chi-
    mene,
Si l'amour donne au vôtre vn vigoureux assaut,
Vous ne sçauriez tomber qu'en tombant de bien
    haut;
Dans vn rang eminent vous estes éleuée,
Et dans ce même rang on vous a conseruée,
Maintenant ce bon heur semble vous exciter,
Vous faites des efors pour vous precipiter,
I'ay flatté pour vn temps vôtre amoureuse flâme,
Par des moiens honteux i'ai soulagé vôtre ame,
Ie voulu consentir à cette trahison,
Comme vous en vn rien i'égarai ma raison,
Cependant

L'INFANTE.

     Ie vois bien qu'il seroit impossible
De toucher desormais vôtre esprit insensible.

LEONOR.

Non, par d'autres moiens soulagez vôtre mal,
Autrement le succez vous en sera fatal.   *elle sort.*

L'INFANTE.

Fais ce que tu voudras, dequoi que tu m'acuses,
Sçache que mon amour me fournira d'excuses:
Peins moi comme vne Helene, & pour bien mieux
    agir,
Fais vn portrait de moi qui me fasse rougir,
Entretien bien le Roi du tourment qui me presse,
Va le rendre ennemi du beau trait qui me blesse,
Perfide, fais d'Vrraque vn impudique objet,

Dy que ie suis infame, & que i'aime vn sujet,
Et raconte par tout que dans ma jalousie
Mille dereglemens troublent ma fantaisie,
Que cette amour me perd, que ie sors de mon rang,
Que mon cœur tout brûlé ne respire que sang,
Qu'à cause que Chimene empéche mon attente,
Son trépas seulement me doit rendre contente,
Et qu'enfin cét amant a charmé mes esprits,
Mais rien ne peut jamés me porter au mépris,
Ie veux aimer Rodrigue, & malgré ces obstacles,
Poursuiure mes desseins, & faire des miracles.

SCENE III.

LE ROY, D. RODRIGVE.

LE ROY.

VI ma crainte étoit forte, & mes maux redoublez
Ne donnoient point de calme à tous mes sens troublez.
D'abord ie crus ma perte, ou ma honte affeurée,
Que ma douleur feroit de plus longue durée.
En fin par ce raport ie me vis fi confus,
Que ie mis tout mon bien à n'en fouhaiter plus.
Maintenant que le Ciel permet que ie vous voie,
Que vos faits ont acreu vôtre gloire & ma ioie,
Que vous me raffurez, & que ces inhumains
Ont eu le feul honneur de mourir par vos mains,
Que ne vous dois-ie point, de quel bienfait fi rare
Puis ie vous obliger fans me montrer auare?
Triompher d'vn parti qui n'auoit combatu,
Releuer ma couronne, & mon fceptre abatu,
Chaffer des ennemis qui dans ma proure terre
Me liuroient tous les iours vne mortelle guerre:
Ce font de ces éfets dont on fait tant de cas,
Et des traits feulement à faire des ingrats.
Pour mon contentement & pour vôtre loüange,
Donnez moi le recit de ce combat étrange.

D. RODRIGVE.

Sire au commencement nous fumes étonnez,
Tous les chefs des foldats furent abandonnez,
Et ces gens infolens en voiant cette fuitte,
Vferent contre nous d'vne rude pourfuitte.
Ils fe treuuent puiffans dans nôtre extremité,

Ne don-

Ne donnent point de place à la timidité :
Ils nous ferrent de pres , nous forcent, nous attaï-
　　gnent,
Les vns font maſſacrez , & les autres les craignent,
Tous ſont au deſeſpoir,chacun quitte ſon rang,
Et pâle , voit rougir la terre de ſon ſang,
Mais la nuit par bon heur auecque ſes tenebres
Finit leur entrepriſe, & nos plaintes funebres :
Depuis cette retraitte, & pour nous & pour eux,
L'ardeur fut preſque égale,& le combat douteux,
Mais apres le renfort auſſi tôt qu'ils nous virent
Leur ſang ſe refroidit,leurs viſages pâlirent ,
Sçachant que ie deuois combattre pour vn Roi ,
A ce ſeul nom de Cid ils tremblerent d'éfroi :
Leurs mains dans ce combat furent preſque imo-
　　biles ,
Et nous firent treuuer des ſuccez trop faciles ;
Ie m'attaque à leur chef, i'en vins bien-tôt à bout,
Bref, Sire, on perdit tout ,pource qu'on craignoit
　　tout ;
Il combatit long temps pour la troupe ennemie,
Tacha de reueiller leur fureur endormie,
Et par ſes actions , & ſouuant par ſes cris
Excita contre nous ces timides eſprits ,
Il ſuccomba pourtant , & ce rare courage
Treuua nôtre valeur plus forte que ſa rage,
Et ſe ſentant bleſſé , fit enfin ces éforts
A parler aux viuans en regardant les morts.

　　　　Eſtrange arreſt des deſtinées!
　　　　Les Princes meurent comme vous,
　　　　Le ſort eſt implacable à tous ,
　　　　Chacun voit finir ſes années,
　　　　Nos iours ſont filez d'vn fuſeau ,
Ceux des ſimples ſujets, & des puiſſans Monarques
　　　　Sont entrepris de mêmes Parques
　　　　Et coupez d'vn même ciſeau.

　　　　Et cependant on nous fait croire,
　　　　Pour éblouïr plutôt nos yeux
　　　　Que les Rois reſſemblent aux Dieux,
　　　　Et qu'ils en ont beaucoup de gloire,
　　　　Mais quoi ? nous ſerions tous égaus ,
　　　　　　　　　　　　　　D

Les Dieux feroient mortels, ils n'auroient plus
    d'hommages,
        Si la mort abat les images
        Elle en veut aux originaux.

Là ſes iours ſont finis auſſi bien que ſa gloire.
Et ſa mort commença nôtre inſigne victoire.

L E   R O Y.

Ie plains ſon accident, i'eſtime ſa vertu,
I'ai des compaſſions pour vn Sceptre abatu :
Mais i'ai plus de reſon de porter quelque enuie
Aux nobles actions qui ſignalent ta vie :
Va treuuer ta Chimene, & ſur tout ſouuiens toi
Que c'eſt faire beaucoup que d'obliger vn Roi.

D. RODRIGVE.   *il ſort.*

O Ciel ! ie l'aperçois dans vn viſage blême,
Elle n'eſt plus à moi, n'eſtant plus à ſoi-même.

SCENE IV.

CHIMENE, D. RODRIGVE, ELVIRE.

CHIMENE.

Tv recherches ma perte en me voulant gue-
        rir,
Tu rengreges mes maux penfant me fecourir,
Eluire, au nom des Dieux contente mon enuie,
Soufre qu'vn defefpoir triomphe de ma vie,
Que l'oblige le fort à finir fa rigueur,
Et que l'arme mes mains contre mon propre coeur.

D. RODRIGVE.

Dieux elle veut mourir!

CHIMENE.

                    Tout me liure la guerre,
J'ai perdu mon amant, & mon pere eft en terre,
Puisque Rodrigue eft mort le iour m'eft odieux,
Pour m'aprocher de lui i'abandonne ces lieux,
Il faut bien que des morts i'augmente ici le nombre
Et ie veux imoler mon corps à fa belle ombre:
Ce guerrier redoutable & ce parfait amant,
Malgré tous ces apas gift dans vn monument,
Ce miracle parfait d'amour & de nature
Eft aujourd'hui couché dedans la fepulture,
Bref ie veus obeïr aus arrefts de mon fort,
Ie veux finir mes iours puisque Rodrigue eft mort.

RODRIGVE.

Madame,

ELVIRE.

        Iuftes Dieux quelle étrange mer ueille!
Quoy? vous n'eftes pas mort? fe peut-il que ie veille?
Ses fens font interdits, ô Ciel quelle ri gueur!

Vne foibleſſe attaque & ſes yeux & ſon cœur.

D. RODRIGVE.

Mais pourquoy ſurprens tu mon eſprit de la ſorte,
Eluire ie ſuis mort ſi ma Chimene eſt morte.
Ah! Madame.

CHIMENE.

Ah! Rodrigue eſtoit-ce pas aſſez
De vous crere tantoſt au rang des treſpaſſez?
Sachez que mon treſpas n'eſt point mis en balence,
Que deſ ja la douleur m'impoſe le ſilence,
Et qu'vn reſſentiment de vôtre propre mort
Acheuera mes iours par vn dernier effort.
En ſouſpirant ſi tard vôtre perte viſible
Ie ſuis lente il eſt vray, mais non pas inſenſible.
Ie m'en vais contenter vôtre premier deſſein
Car i'ay dedans les mains dequoy m'ouurir le ſein,
Ie vous ſuiurai là bas, & malgré ces lieux ſombres
Le feu qui nous bruloit eclerera nos ombres:
Nos eſprits s'vniront dans cét afreux ſeiour
Où nos embraſſemens feront naiſtre l'amour.
Là nous verrons finir cette mortelle guerre
Que le ſang & l'honneur nous liuroient ſur la terre:
Les aſtres ceſſeront de nous verſer du fiel,
Et l'Enfer nous ſera bien plus doux que le Ciel.
Mes ſens ſont egarez, moy-méme ie m'abuſe
Que mes ſens ſont troublez! que mon ame eſt con-
    fuſe!
Rodrigue n'eſt pas mort; pour croitre mon ennui
I'ay parlé de ma flâme, & ſur tout deuant luy.
Qu'eſperai-ie bons Dieux, dans cét eſtrange orage?
Ie ne verrai iamais le port ny le naufrage,
I'ay tantoſt dans l'amour etabli mon bon heur,
Maintenant cette amour combat auec l'honneur,
Par tout egalement ie me voi pourſuiuie,
I'ay crû Rodrigue mort, & ie le treuue en vie.
Au moment qu'vn hymen nous deuoit ſecourir
I'ai veu mon pere mort dont i'ai penſé mourir,
Ie courois à la mort, ie ſens qu'elle me quitte,
Et ie croiois perdu ce qui me reſuſcite.

D. RODRIGVE.

Vne fourbe a causé de veritables pleurs,
I'en detefte la feinte, & ie plains vos douleurs,
Ie ne penetre pas au fond de ces penfées
Qui rendroient à la fin nos ames infenfées;
Cette chofe m'étonne, & m'aflige beaucoup,
Ne voiant pas le bras qui me porte le coup,
O Dieux !

CHIMENE.

Ah! cher amant, noftre perte eft certéne,
On en veut à Rodrigue auffi bien qu'à Chimene,
Mais Rodrigue pourtant dans ce trifte mal- heur,
Eft vn objet d'amour , & i'en fuis vn d'horreur,
L'Infante affurement fift naitre cette feinte,
Tous fes fens font emeus, & fon ame eft ateinte;
Mais dedans fon amour & dedans fon couroux.
N'oubliez pas du moins que Chimene eft à vous.

RODRIGVE.

Madame il eft tout vray, ie ferois infenfible,
Si i'allois condamner vne amour fi vifible.
Si ie la meritois, ie ferois trop heureux,
Mon fort en cét état feroit moins rigoureux,
Mais i'acufe le Ciel, & tout ce qui m'irrite,
Eft de voir vos beautez & mon peu de merite ,
Cet œil que vous voyez a veu cent regions,
Ce bras que vous voiez force des legions,
Par tout mes ennemis font reduits à l'extréme,
Et ie n'ai point apris à me vaincre moi méme,
Conneffant vos vertus, ie connois mes defaus,
Et ce que vous valez, & le peu qne ie vaus ;
I'ai medité fouuent au bien que ie defire,
Ie l'ai plus eftimé qu'on ne fait vn Empire,
Et ie n'ai jamês crû qu'il fut en mon pouuoir
D'entendre vos foûpirs , & de les receuoir,
Il faut le confeffer, i'ai fait tout mon poffible,
Pour me rendre agreable, ou du tout infenfible,
I'ai voulu conferuer & banir mon amour ,
I'ai fouhaitté la vie & la perte du iour,
I'ai fait mille deffeins dans l'efpoir de vous plére,
Et i'en défais autant de crainte du contraire.

Mais, Madame, aujourd'hui ie connois mon bon-
    heur,
Et ie vois tout confus l'excez d'vn tel honneur,
Mon brazier m'eſt ſi cher, que tout le monde en-
    ſemble
Et les plus grands threſors n'ont rien qui luireſ-
    ſemble,
Et ma captiuité me rend plus glorieux
Que ſi ie me voiois dans le throne des Dieux.

C H I M E N E.

Dans cette affection ie rougis qu'vn Alcide
Pres d'vn ſi foible objet ſe ſoit rendu timide,
Ie ne rougirois pas ſi quelque autre beauté,
Engageoit voſtre eſprit, & voſtre liberté :
On aime ſeulement ce qui n'eſt rien qu'aimable,
Et l'on doit adorer ce qu'on treuue adorable,
Mais moi qui n'us jamés vn éclat aſſez vif,
Ni pour charmer les yeux, ni pour faire vn captif,
Ie crains que vôtre cœur à la fin ſoit de glace,
Et qu'vn autre bien toſt occupe cette place,
O Dieux ! s'il eſtoit vrai, de combien de propos
Irois-je importuner voſtre plus doux repos,
A combien d'accidens reduiriez vous ma vie,
Et de quel deſeſpoir ſeroit elle ſuiuie ?
Quand vn bien m'eſt aquis i'aime à le conſeruer,
Et quand il eſt perdu, ie crains de me ſauuer,
I'aprehende l'Infante.

D. R O D R I G V E.

        Eſperez mieux, Madame,
Vos yeux, & vos bontez entretiennent ma flâme,
I'ai plus ſujet de craindre,

SCENE V.

D. ARIAS, D. RODRIGVE, CHIMENE.

D. ARIAS.

AH! craignez pour iamais!
Le Roy tout en courroux vous attend au Palais,
Qui iure que ses maux n'auront point d'allegeance,
Qu'il ne soit satisfait d'vne entiere vengeance.

D. RODRIGVE.

Allons y de ce pas ; le Roy veut se vanger,
D'où vient cét accident ? qui l'oblige à changer?

CHIMENE.

I'aimerois plus ma ioye estant plus moderee,
La plus grande fortune est la moins asseurée ;
Dans vn si grand bon heur ie crains de sucomber,
Ce qui monte plus haut est plus prest à tomber.

Fin du troisiesme Acte.

ARGVMENT
DV QVATRIESME ACTE.

LE Roy dans le raport de Leonor se
desespere, & ne croit pas treuuer
de consolation ni de remede dans vn mal
qu'il iuge incurable. Leonor augmente sa

crainte & ſa furie, lors qu'elle luy raconte qu'elle a fait tout ſon poſſible pour
detourner l'Infante d'vne afection ſi hon-
teuſe & qui preiudicioit ſi fort à l'Etat.
Il en fait des reproches à D. Rodrigue,
qui s'excuſant d'vne fauſſeté ſi apparen-
te, par le commandement du Roy fait des
proteſtations d'amour à l'Infante. Celle-
cy ne croiant pas qu'il y eut lieu de ſoupçon
dans cette afaire, reſpond à ſes ciuilitez,
& à ſes complimens, & comme elle auoit
beaucoup d'amour, elle en témoigna beaucoup auſſi. Le Roy pour les toucher de pitié donne dans ce reſſentiment le Sceptre
à Rodrigue, & la Couronne à l'Infante,
mais en fin Rodrigue eſt mené priſonnier
ſans aucun reſpect, & ſans conſideration
des ſeruices qu'il auoit rendus. D. Diegue, & Chimene le voiant ſans liberté,
demandent celle de le voir en priſon, &
de decouurir la verité. Ce que le Roy leur
accorda, mais dans la reſolution pourtant de ne rien eſpargner pour le chaſti-
ment de ſa faute.

ACTE IV.

LE ROY, LEONOR, D. RODRIGVE'
L'INFANTE, D. DIEGVE,
CHIMENE, D. SANCHE.

SCENE I.

LE ROY à Leonor.

Ermets au nom des Dieux que mon ame soupire,
Ie dois cherir l'Infante au dessus de l'Empire:
Mais l'ingratte trahit mon plus doux sentiment,
Et d'vn de mes suiets elle fait son Amant,
Ne conseille plus rien à mon ame abatuë
Rodrigue veut ma perte & ma fille me tuë.
Cette aueugle obscurcit l'éclat de mon bon-heur.
Et me priuant de vie elle s'oste l'honneur.
Ah! c'est trop consulter ie t'apelle à mon aide,
Car si ie doi guerir la mort est mon remede.
En pensant m'obliger tu ne m'obliges pas,
Tu desires ma vie & ie veus le trépas,
Et si ton cœur le craint pource qu'il t'est contrare,
Ie le veus rechercher comme vn mal necessere.
L'Infante fait sa perte, elle m'oste le iour,
Et ma honte commence auecque son amour!
Dieux qui m'auez rendu toutes choses prosperes,

Si vous aimez les Rois, aimez vous leurs miseres?
Est-ce tout le secours que vous m'auiez promis?
Estes vous donc mes Dieux, ou bien mes ennemis?
Ai-ie brizé l'Autel? ai-ie destruit vn Temple?
Le moindre de mes faits est-il pas vn exemple?
Vous ai-ie pas connu pour des Dieux tout puissans?
Vous ai-ie quelquefois refusé des encens?
Non, non, mes actions vous ont forcé de croire
Que ie n'ay rien commis qui choque vostre gloire.
Cependant mes respects sont payez de mespris,
Ie veux seruir les Dieux, i'en suis entrepris,
Vne fille s'opose à l'éclat de mes armes
Et c'est mon propre sang qui fait naistre mes lar-
     mes.
Penser épouuentable! ah pere malheureux!
Le sort en ton endroit paroist bien rigoureux.
Ce qui causa la paix vient me liurer la guerre,
Et ce qui m'a remis me combat & m'atterre.
Mais dy moy Leonor, croi tu que la raison,
Qui condamne son mal fasse sa guerison?

L E O N O R.

Sire, c'est y chercher des resons inutiles,
On n'y sçauroit treuuer des remede faciles.
Le mal qu'elle entretient choque son iugement,
Mais elle y veut chercher quelque soulagement.
L'Infante n'estant pas d'humeur à se contraindre,
Vous pouroit bien donner des suiets de vous plain-
     dre.
Rodrigue aime Chimene, il n'a point d'autre obiet,
Mais lors qu'vne Princesse entreprend vn suiet,
Que l'honneur & le sang n'empeschent point sa
     flamme,
Et que le desespoir fait des loix à son ame,
Qu'elle voit la reson sans vouloir l'ecouter;
Ah! Sire, vn feu semblable est bien à redouter.
I'ai fait ce que i'ai pû pour l'y rendre insensible,
Mais i'ai veu qu'à la fin ie tentois l'impossible,
Et i'ay creû qu'il estoit de ma condition
De vous donner àuis de cette affection.
Elle a cherché Rodrigue, & Rodrigue l'a veuë,
Peut estre que leur ame a paru toute nuë,
Que Rodrigue a suiui ses laches sentimens,

Et qu'il a pû respondre à tous ses mouuemens.

LE ROY.

Ie le croi Leonor ; cecy me met en peine,
Mon Sceptre est aussi beau que les yeux de Chi-
mene
Dans cette obeissance il a du Iugement,
Ma Couronne vaut bien qu'on fasse vn change-
ment.
Nagueres luy parlant d'vne telle entreprise
Son esprit fut troublé, son ame fut surprise,
Et traittant froidement de cette passion,
Il s'excusa d'abord sur sa condition.
Apres tout, Leonor, son credit m'épouuante,
Pour iouir de mon Sceptre il peut aimer l'In-   *Rodrigue entre.*
fante.
Mais malgré sa valeur : ô Dieux ie l'apperçoi,
Aprenons s'il poursuit & s'il veut estre Roy.

SCENE II.

LE ROY, D. RODRIGVE.

LE ROY.

Vauez vous donc fongé qui puiffe me de-
    ftruire?
Vous occuperez - vous dauantage à me
    nuire?
Defcendrai-ie a prefent pour vous faire monter?
En fin voftre deffein ne peut il s'arrefter?
D'où vient que voftre humeur abandonne Chi-
    mene,
Ses yeux vous font ils peur? vous eft elle inhumene?
L'Infante eft plus facile & pour vn grand guerrier,
Ma Couronne en vaut bien vn autre de laurier.
Confiderez pourtant que ce point m'eft fenfible
Et que i'ai toufiours crû qn'il eftoit impoffible,
On ne fçauroit donner & receuoir des loix,
Et pour porter vn Sceptre il ne faut point deux
    Roys.
Voftre ioye en cecy feroit mal affeurée,
Vn Etat qu'on diuife eft de peu de durée;
Et Fernand à la fin d'vn abfolu pouuoir
Voudroit vne autrefois le perdre ou le rauoir.
Il eft vray, ie fçay bien qu'on vous dût recogne-
    ftre
Apres ces beaux exploits que vous fites pareftre;
Mais Rodrigue fongez.

D. RODRIGVE.

                    Que voftre Majefté
N'imprime point de tache à ma fidelité!
Autrefois mon fecours vous fembla neceffaire,
Mais Sire ie faifois ce que ie deuois faire.
Rodrigue a feulement depuis qu'il voit le iour
                        Du refpect

Du respect pour l'Infante & non pas de l'amour.

L E   R O Y.

Pour sçauoir ce mistere & pour rauir mon ame
Descouurez à l'Infante vne amoureuse flâme.
Parlez luy de soûpirs, cherchez des complimens,
Mettezvous en secret au rang de ses amans,
Dites luy maintenant que vous brulez pour elle,
Que vous estes suiet, mais vn suiet fidelle :
Ie me tire à l'écart: elle vient à propos.

D. R O D R I G V E.

Sire, la verité vous va mettre en repos.

SCENE III.

D. RODRIGVE, L'INFANTE, LE ROY.

D. RODRIGVE.

Eautez pour qui mon ame a de l'idolatrie,
Et pour qui seulement i'ay sauué ma pa-
     trie,
I'abandonne Chimene auec iuste raison,
Approuuez mon amour par cette trahison,
Et publiez tout haut qu'il faut que ie vous aime;
Puis qu'en la trahissant ie me trahis moy mesme.
O Dieux! que vos attraits ont de pouuoir sur nous,
Que vos yeux en tous-temps ont de funestes coups!
Qu'on a de lacheté quand on s'en veut defendre!
Et que dans ce combat il est doux de se rendre!
On se pert doucement aupres de vos apas,
Et quand on y resiste on ne les connoist pas:
Ie considere assez le Sceptre & la Couronne,
Ce que vous possedez, ce que le Ciel vous donne,
Ie remarque vos biens, vos thresors, vos pays.
Dont l'insigne grandeur tient mes sens ébais:
Mais ie cheris en vous malgré cette auanture
Bien moins les dons du sort que les dons de nature.
Ie peche toutefois; ce brazier eternel
Me fait voir temeraire, & me rend criminel:
Mais ie brusle pourtant, & cette flame est telle
Qu'en depit de la mort ie la iuge immortelle:
Vôtre bon naturel & vos perfections
Ont sçeu trop bien flatter mes inclinations.
Dans cete vanité moy même ie m'acuse,
Aussi dans ce peché ie ne veux point d'excuse,
Ma vie & mon trépas me feront des ialoux,
Pourueu que l'vn des deux ne vienne que de vous.

L'INFANTE.

Que vous me croyez donc si contraire à moi-même,

Que de caufer la mort aux perfonnes que i'aime?
Faictes en grand guerrier vn autre iugement,
Ie viens chercher ici quelque foulagement.
Le Ciel nous traittera tous deux de mefme forte,
Si vous croiez mourir, ie me croy defia morte:
Ie vous aime; bien loin de vous diffimuler,
Vous aprendrez encor que ie me fens bruler.
Le Roy, les Elemens, la longueur des années,
Les fiecles à venir, toutes les deftinees.
La chutte de l'Eftat, & la perte du iour,
N'ont rien encore en eux qui changent cétte
    amour.
I'ay bani comme vous le refpect & la crainte,
Et l'honneur ne tient plus mon efprit en contrainte.

       LE ROY   *dit cecy bas.*

Voicy le pire coup que ie reçoi du Ciel,
O Dieux mon trifte cœur ne vit rien que de fiel!
La perfide à ces mots me met dans vn martyre
Que ie ne fens que trop, mais que ie n'oze dire.
Ma ioye en cét état depend du monument
Car ie voy que la mort eft mon moindre tourment,

SCENE IV.

LE ROY, D. RODRIGVE. L'INFANTE.
L E R O Y.

Stes vous bien contents? toutefois i'apre-
    hende
Que vous n'estimiez pas ma ruine asses
    grande :
Mais si vous conseruez vn reste de raison
Condamnez vous au moins pour cette trahison.
L'amour qui vous ioignoit estoit il point capable
De rendre en mon endroit vôtre esprit si coupable?
Enfin vous me direz que vos feus insolens
En deuoient alumer d'autres plus violens,
Et que tout mon Royaume aussi bien que vôtre
    ame
Me deuoit faire voir la grandeur de sa flame.
Puis que ie ne suis plus aux termes de flatter,
Et que vous le voulez il faut vous contenter.

       Il donne le Sceptre à Rodrigue,
        & la Couronne à l'Infante.

Prens ce Sceptre perfide; & toi cette Couronne,
Ce qu'on me veut oster enfin ie vous le donne.
Mon Sceptre, ma Couronne, & mon throsne, &
    mon bien.
Enfin tout est à vous, ie ne possede rien.
Ie n'ay plus que ce cœur tirés-le à coups d'épee,
C'est là que vôtre main deuroit être occupee :
Percez percez ce corps & me faites mourir
Puis que c'est par ma mort que vous croiez guerir.
Acheuez contre moy le feu qui vous deuore
Vous verrez la dedans ce qui vous aime encore,
Et vous plaindrez vn iour vn pere genereux,
Qui voudroit que le ciel vous fût moins rigoureux.

D. RODRIGVE. *Il met le Sceptre aux pieds du Roy.*

Ce Sceptre trop pesant s'il faut qu'on le soutienne
Choisissez vne main plus forte que la mienne,
I'aurois mauuaise grace à vous le demander ;
Qui ne sçait point seruir ne doit point commander.
Mais Sire dans ces jeux il semble qu'on me braue,
Ne m'ofrez vous cecy que pour me rendre esclaue?
Pourquoy me traitte-t'on d'vn semblable mépris ?
Dans ces confusions ie me treuue surpris,
Croiez vous ou ma honte, ou ma mort necessere ?

LE ROY.

Tel souuent cherche vn bien qui treuue le côtraire,
Chacun propose assez pour son contentement,
Mais le Ciel qui voit tout en dispose autrement.
Ses arrests ne sont pas de nôtre intelligence,
Nos plus grands mouuemens & nostre diligence,
Nos vœux & nos desirs, qui semblent si secrets,
Bref rien ne peut changer ses souuerains decrets.
Vos desseins sont rompus, vôtre esperāce est morte,
Conduisez desormais vôtre esprit d'autre sorte.

L'INFANTE.

Dans ce premier abord que i'ay d'estonnement!
Dieux que dois-je penser d'vn tel euenement?
Ie vous rends la Couronne, & vous me voyez preste
De la mettre à vos pieds plustost que sur ma teste.
Et de quelque bon heur qu'on oblige mes iours,
Si vous ne les aimez i'en borneray le cours.

LE ROY.

Tu viens croistre mon mal lors que tu me consoles,
Tes noires actions dementent tes paroles :
Voy ie pas à mes yeux ce qu'on ne peut nier ?
Qu'on saisisse Rodrigue & qu'il soit prisonnier;

D. RODRIGVE.

Le grand nombre à la fin me pourroit bien con-
    traindre,   *On prend Rodrigue.*
Sçachez que tout captif ie suis encor à craindre
Ah! vous m'auez surpris, & ma captiuité
Fait maintenant ma rage & vostre seureté
C'est en vain resister, leur perte est impossible.

E iij

Ie me treuue impuissant & non pas insensible,
Mon courage en ces lieus a tort de m'accuser,
Auiourd'huy i'ay des mains & ie n'en puis vser.
Pour moy chaque combat estoit vne victoire,
Chaque champ de bataille estoit vn chãp de gloire,
Rien ne m'estoit contraire, & quantité de Rois
Ont senti mon pouuoir & flechi sous mes loix :
La fortune auiourd'huy me tourne le visage,
Et mon cœur & mes bras ont perdu leur vsage.
Destins qui gouuernez nos esprits & nos corps
Que pour nôtre mal-heur vous auez des ressors !
Tantost pour mes suiers ie n'auois que des Princes,
I'auois surpris des forts plus grands que des Prouin-
     ces,
Maintenant ie n'ay rien, & ie suis à ce point
Que le plus miserable a ce que ie n'ai point.
Acheuez Dieux ingrats, que i'épreuue le reste,
Ay-ie encore à sentir quelque trait plus funeste ?
Auez vous d'autres lieux à me precipiter ?
Montrez vôtre courroux, ie ne puis l'éuiter.
Le dessein de mourir m'a tantost fait resoudre,
A ne craindre plus rien, à rire de la foudre.
A mépriser vos coups, à deffier vos mains
Dont vous semblez tousiours menasser les humains,
Bref à vous faire voir pour vn tourment si rude
Que vous deuez rougir de vostre ingratitude,
Que des Dieux comme vous sont des Dieux im-
     puissans,
Et qu'aussi bien que nous vous estes languissans.
On verra dans l'Estat des flames bien plus viues,
Aussitost que mes mains ne seront plus oisiues ;
Ma fureur quelque iour rabatra ces efforts,
Ie ne veux que ces bras pour briser tout ce corps.
Mais Fernand fait son mal dans ce mal-heur ex-
     tréme,
Et me pensant punir il se punit soy-même,
Il ruine l'Estat de l'vn à l'autre bout,
Car n'ayant plus Rodrigue il n'a plus rien du tout.
Mon esprit le suiura quoy qu'il veuille entrepren-
     dre,
Qu'il entre dans l'Enfer ie suis prest d'y descendre,
Ou qu'il cherche à la fin le lieu le plus secret,
Ie veux en me voiant qu'il meure de regret.

SCENE V.

LE ROY, D. DIEGVE, CHIMENE.

LE ROY.

E feu deuoit paſſer ; mais dites-moi, Ma-
    dame,
Verra t'on point paſſer vôtre indiſcrete flâ-
    me ?
Qu'auez-vous entrepris ?

D. DIEGVE, *voiant mener Rodrigue en*
priſon.
        Quel ſenſible tourment !
Dieux ! on traine mon fils,

CHIMENE.

        On traine mon amant.

D. DIEGVE.

Sire, qu'a fait Rodrigue ? auez-vous point enuie,
Qu'aujourd'hui le perdant ie perde auſſi la vie ?
Nagueres, quel guerrier a fini nos mal-heurs ?
Quelles puiſſantes mains ont eſſuié nos pleurs ?
Qui releua l'Eſtat d'vne ſi lourde chutte
Au point que le mal-heur nous tenoit tous en
    butte ?
Qui vous preſta le bras quand vous crûtes tomber?
Et qui nous obligea, tous preſts de ſuccomber?

CHIMENE.

Ah! Sire, c'eſt Rodrigue.

E iiij

D. D I E G V E.

O victoire fatale !
Qui peut vous establir vne paix generale ?
Qui vous peut maintenir contre tant d'étrangers ?
Et qui peut desormais vous sauuer des dangers ?
Qui peut dans le mal-heur vous seruir de retraitte
Qui peut rendre à iamais vostre gloire parfaite ?
Qui combatit le More ? & qui par tant d'efforts
Fit pour nostre salut tant de monceaux de morts.

C H I M E N E.

Ad ! Sire c'est Rodrigue.

L E R O Y.

Vn tel cœur m'épouuente ?
Rodrigue peut beaucoup pouuât tout sur l'Infante.
I'admire ses exploits, i'estime sa valeur,
Puis qu'elle m'a tiré d'vn visible malheur
Chimene, comme vous ie connois son courage,
La mort de vostre pere en est vn témoignage,
Vous l'en loüez ma fille, & vous auez raison,
Car vos ressentimens se font voir en saison.
Vous l'auez estimé, vous l'estimez encore,
Depuis qu'il a vaincu, vostre pere & le More,
Il a tué le Comte, il mourut pour l'honneur,
C'est pourquoy vous deuez procurer son bon-heur,
Mais parlons sainement, qui peut aimer ma fille,
Afin de commander à toute la Castille ?
Dom Diegue, C'est Rodrigue ; & par ce traict
       d'amour
Qui peut se rendre indigne & des Dieux & du iour ?
C'est Rodrigue Chimene. Il est vray, ie l'aduoüe
Rodrigue est genereux, tout le monde le loüe,
Mais suborner l'Infante, vsurper sur ses sens
Vn pouuoir tyranique, & des droits si puissans,
Pratiquer cent moyens, s'asseurer de retraittes
Pour rendre insolemment ses flâmes plus secrettes,
C'est relascher vn peu de sa fidelité,
Et prendre à mon aduis beaucoup d'authorité.

D. D I E G V E.

Peut estre qu'vn raport.

LE ROY.

I'en dois croire ma veuë,
Son ame à son respect se fit voir toute emeuë.
Leonor le sçait bien.

D. DIEGVE.

Sire pour le sçauoir
Permettez moy du moins le bon-heur de le voir,
En ce cas son mal-heur n'aura poinc de refuge,
Et le seray dès l'heure & son pere & son iuge.

CHIMENE.

Sire puis que mon ame a la mesme ferueur :
Pourai-je pas iouyr de la méme faueur ?

LE ROY.

Voyez le ie le veux ; mais Dom Diegue & Chi-
mene,   *Il dit cecy bas,*
Ne l'exenteront pas de sa perte prochaine.

SCENE VI.

CHIMENE seule.

N qui doi-ie esperer? creral-ie à ces dif-
cours?
Et puis-ie honneftement demander du fe-
cours?
Il n'y faut pas fonger; au mal qui me poffede
La mort eft le plus feur & le plus doux remede.
Rodrigue eft en prifon, mon mal eft infini,
Pour auoir fi bien fait doit il eftre puni?
Le Roy dans fon mal-heur le prit pour fa defenfe
Et maintenant fa haine en eft la recompenfe.
O Ciel que doi-ie faire en cette extremité?

SCENE VII.

D. SANCHE, CHIMENE.

D. SANCHE.

Adame pardonnez à ma temerité,
Ie vous treuue toufiours dans des termes de
plainte,
Vous rencontrez par tout des matieres de crainte,
On treuue auecque vous les plus cuifans malheurs,
Vous pouffez des foupirs, vous repandez des pleurs,
Vous n'aimez que les lieux où regnent les tenebres
Pour vous entretenir de penfers plus funebres.
Pour croitre vôtre ennui vous méprifez le iour,
Et vous le haiffez autant que mon amour.

CHIMENE.

Ah ! c'eft vn beau moien de confoler mon ame,
Que de m'entretenir de l'excez de ta flame,
Adieu, n'y fonge plus, car c'eft trop y refuer.

D. SANCHE.

Elle doit à la fin me perdre, ou me fauuer.

Fin du quatriefme Acte.

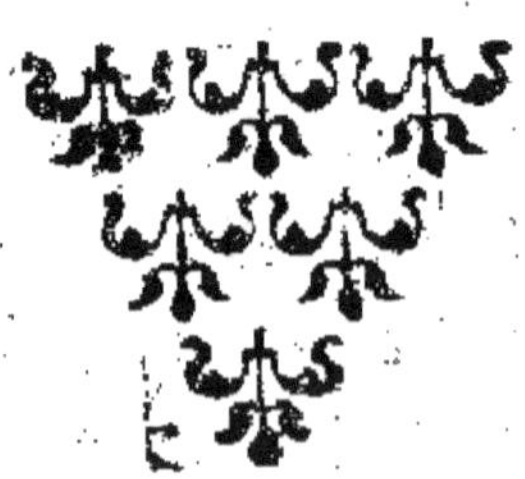

ARGVMENT
DV CINQVIEME
ACTE.

Himene visite D. Rodrigue en prison, & le console dans l'assurance qu'elle lui donne de son amour. D. Arias le fait sortir, & lui raconte comme le Peuple animé par sa captiuité, auoit pensé se soúleuer, & lui dit encore que la verité s'étoit découuerte pour l'inclination de l'Infante, & qu'il est estimé innocent. D. Sanche amoureux tousiours de Chimene, est rencontré par l'Infante qui lui promet de toucher l'esprit de Chimene, & de lui remontrer qu'elle doit faire vn objet d'horreur de Rodrigue, qui auoit causé sa premiere perte : l'Infante l'aborde, mais en vain, & elle ne treuue pas auec cette ame resolue ce qu'elle s'étoit proposé auparauant. Pour lui fai

re haïr

re haïr Rodrigue, elle l'aborde auec
beaucoup de ciuilitez, & auec des protestations d'amour nompareilles. Rodrigue
considerant sa condition & sa naissance
lui répond assez honnestement : ce qui
lui donne auantage d'en auertir Chimene, qui commençant à soupçonner l'infidelité de son amant, semble se porter à
toutes les extremitez. Elle est appaisée
neantmoins par ses paroles, & la verité détrompe ses sens. D. Sanche rencontrant Chimene auec Rodrigue la veut
suiure, mais il se treuue seul auec Rodrigue, non content d'auoir épreuué si souuent sa bonté & son courage, il l'attaque
& en est desarmé : l'Infante les treuuant
en cét état, ayant apris que Rodrigue
disputoit encore Chimene, sort dans le
dessein de la tuer, mais elle la treuue auec
le Roi qui empéche cette resolution, &
qui fait enfin le mariage de Chimene &
de Rodrigue.

ACTE V.

D. RODRIGVE, CHIMENE, D. ARIAS,
L'INFANTE, D. SANCHE.

SCENE I.

D. RODRIGVE CHIMENE,

D. RODRIGVE, en prison.

AH ! qu'on rend ton ame contente !
Qu'on te procure de plaisirs !
Et que tes plus iustes desirs
   Sont suiuis d'vne douce attente !
   Rodrigue, tu sauues le Roy,
   Tes faits font preuue de ta foy,
Et malgré ta valeur que tout le monde vante
   Tes traits ont tombé dessus toy.

CHIMENE.

Ah ! qu'on rend mon ame contente !
Qu'on me procure de plaisirs,
Et que mes plus iustes desirs
   Sont suiuis d'vne douce attente !
   Rodrigue tu sauues le Roy,
   Tes faits font preuue de ta foy ;
Et malgré ta valeur que tout le monde vante,
   Ces traits tomberont dessus moy.

D. RODRIGVE.

Que le fort a peu d'affeurance !
Que mon deftin eft rigoureux,
Le Roy me veut voir mal-heureux,
En voyant ma perfeuerance :
Il m'accufe de lafcheté,
Mais dedans cette extremité,
Sache au moins que la mort finit mon efperance,
Et non pas ma fidelité !

CHIMENE.

Que le fort a peu d'affeurance !
Que le deftin m'eft rigoureux !
Le Roy nous veut voir mal-heureux,
Voyant noftre perfeuerance.
Il m'accufe de lafcheté !
Mais dedans cette extremité,
Sache au moins que la mort finit noftre efperance,
Et non pas ma fidelité !

D. RODRIGVE.

Que fa rage foit affouuie,
Qu'il tâche d'éteindre mes feux ;
Mais malgré fes iniuftes vœux
Ie puis conferuer mon enuie ;
Ma foy furmonte fa rigueur,
Chimene eft mon obiet vainqueur,
Par fa loy tyrannique il peut m'ofter la vie,
Mais non pas ton portrait du cœur.

CHIMENE.

Que fa rage foit affouuie,
Qu'il tâche d'éteindre nos feux,
Mais malgré fes iniuftes vœux
Ie dois conferuer mon enuie :
Ma foy furmonte fa rigueur,
Rodrigue eft mon obiet vainqueur,
Ie fçay bien comme toy qu'on peut m'ofter la vie ?
Mais non pas ton portrait du cœur.

D. RODRIGVE.

Qu'on me iuge digne de blâme

Dans l'excez de ma paſſion,
l'auray la méme affection
Et le méme objet de ma flâme.
Apres tous nos ennemis morts,
Apres de ſi nobles efforts,
Le Roy me fait captif, mais ſache que mon ame,
Eſt plus captiue que mon corps.

CHIMENE.

Qu'on me tuge digne de blâme
Dans l'excez de ma paſſion,
l'auray la méme affection
Et le n éme objet de ma flâme :
Apres tous nos ennemis morts,
Apres de ſi nobles efforts,
Le Roy te fait captif, mais ſache que mon ame,
Eſt plus captiue que ton corps.

SCENE II.

D. ARIAS, D. RODRIGVE, CHIMENE.

D. ARIAS.

IL est temps d'étoufer ces vains sulets de plaintes,
Rapellez vos plaisirs & baniffez vos crain-
tes.
C'est estre trop long-temps dans la captiuité,
Iouiffez pleinement de vôtre liberté.
Vos mal-heurs ont trainé toute vne populace
Qui vient par ses clameurs d'obtenir vostre grace.

D. RODRIGVE.

Cette grace Arias, est pour les criminels,
Et ie meriterois des tourmens eternels,
Si la moindre action m'auoit rendu coupable;
Qui peche contre vn Roy doit mourir miserable,
Mais dy quelle maxime, ou bien quelle autre loy
Pût ainsi m'attirer la disgrace du Roy?
Ah! les Roys, Arias, ont détranges maximes
Qui font souuent treuuer leurs pechez legitimes.
Cecy les authorise & dedans leurs erreurs
Tous leurs reffentimens font détranges fureurs.
Pour regner surement il semble neceffere
De se faire ainsi craindre & d'estre sanguinere
De bâtir fur du fang vn foible potentat
Et d'estre vicieux par maxime d'Estat:
Peut-estre qu'irrité du credit de mon pere
Il a craint pour nous deux quelque fort plus prof-
pere.
M'ayant vu triompher de tous mes ennemis
Il a crû trebucher du thrône ou ie l'ay mis,
Et m'enuiant la gloire où tu mas veu parétre
Il a confideré ce que ie pouuois être,

Qu'à la fin mes exploits cauſeroient mon orgueil,
Et que ie luy ferois de ſon thrône vn cercueil.
Mais ſuiſ ie criminel pource qu'il me ſoupçonne?
Pour aimer tant l'honneur en veuſ je à ſa Couron-
ne?
Luy meſme s'ofenſa de mon humilité,
Et i'ay pris ſans deſſein l'apas qu'il m'a ietté.

D. ARIAS.

Le Roy dans le regret d'vne action ſi pronte,
Vient d'embraſſer Dom Diegue & confeſſer ſa hon-
te
Et nagueres l'Infante a fait voir clerement,
Qu'vn faux raport cauſa vôtre empriſonnement.
Il crût vn peu trop toſt, ſon ame fut deceüe,
L'oreille le troubla de même que la veuë
Le mal qu'il vous a fait c'eſt luy qui le reſſent,
En vn mot il vous aime, & vous treuue innocent.

D. RODRIGVE.

Tu ſçais bien que le temps de noſtre mariage
Eſt tantôt expiré.

CHIMENE.

N'en dis pas dauantage.

D. RODRIGVE.

Le Roy de tous coſtez doit me donner la paix
Autrement la priſon m'eſt autant qu'vn Palais.
A quelle extremité reduiroit-il mon ame
S'il empeſchoit l'effet d'vne ſi iuſte flamme?
Et que luy ſeruira de m'aller éblouïr
Dvn treſor precieux, ſi ie n'en puis iouïr?
C'eſt de vous que dépend cette fortune extréme
Madame, mon amour vous demande à vous méme.
Ne reſiſtez plus tant c'eſt aſſez combatu,
Vos pleurs & vos ennuis preuuent vôtre vertu.
En ce point ſeulement vous m'eſtes ſecourable.
Et par là ie rencontre vn deſtin fauorable,
I'ay ſurmonté le More & tous nos ennemis,
Ils poſſedoient nos biens, ie les en ai demis,
Tout eſtoit en deſordre, & ſoufrez que ie die,
Que ſeul i'ay mis la fin à cette Tragedie.

Que l'ai fauué le peuple, & l'Estat & le Roy,
Mais que vous en auez plus de gloire que moy.
Le desir de vous plére auoit cét auantage
Que luy seul aux combats échaufoit mon courage,
Releuoit mon espoir & mon cœur en tous lieux
Et portoit la fureur iusque dedans mes yeux,
Au moindre souuenir de ma gloire future
Ma force tout d'vn coup surpassoit ma nature,
I'afrontois les hazards, ie brauois le trépas,
Bref vous vainquites tout où vous ne fûtes pas.
Car sans le seul espoir de posseder vos charmes
I'usse expiré cent fois au milieu des alarmes,
Et bien loin de chercher des moyens de guerir
I'usse voulu moy méme en chercher pour mourir.

CHIMENE.

Il est vray que le Roy prescriuit vne année
Pour mon dueil legitime, & pour nostre Hymenée,
Ce temps est bien passé, mais non pas ma douleur,
Laissez-moy plus long temps soûpirer ce malheur.
Vous sçauez mon amour, chacun la doit connêtre,
Ie n'ai pû m'empescher de la faire parêtre,
Mais souftez que le sang.

D. RODRIGVE.

       N'acheue pas mon cœur,
Fais que l'espoir succede à ma premiere peur,
Apres que les ennuis ont fait palir tes roses,
Qu'ils ont fait sur ton corps tant de metamorpho-
    ses,
Que ton ame a senti de si viues douleurs,
Et qu'enfin tes beaux yeux ont versé tant de pleurs,
On ne peut desormais t'estimer insensible,
Aiant fait contre moy ce qui te fut possible.
Dans ce reffentiment tu demandas ma mort,
Ta colere irrita la rigueur de mon sort,
Tu voulus mon trépas ; dans l'honneur de te plére,
Ie t'obligai moi-mesme à le rendre exemplére,
Et lors que ta pitié me sembla secourir,
Ie fis dessein de viure, & ne crus pas mourir.
Mais dans l'état present c'est de ta seule enuie
Que dépend mon trépas, ou ma gloire, ou ma vie,
Enfin ta resistence, ou bien vn pront secours

Doit arrester mes maux, ou prolonger leur cours.

CHIMENE.

Ie ne te laiffe point de matiere de craindre,
Mais tu doy confeffer que mon mal eft à plaindre,
Que l'honneur & le fang me contraignent d'agir
Contre vn feu qui me brule, & qui me fait rougir,
Et que pour dire tout la loi de la nature
Condannent mon efprit dedans cette auanture,
Mais malgré ces refpects ta paffion me plaift,
Et i'entretiens mon vœu tout iniufte qu'il eft.

D. RODRIGVE.

C'eft dedans ces plêfirs que mon ame fe noie,
Mais tâche d'augmenter, & ma gloire, & ma ioie.
Puis que tu veux flatter mes defirs amoureux,
Et que tu me cheris, rend moi donc plus heureux.
Banis de ton efprit tout ce qui m'importune,
Et ne recule plus à ma bonne fortune.

CHIMENE.

Ie n'i metrai iamais aucun empefchement,
Ton intereft me touche affez fenfiblement.
Mais foufre pour le moins.

D. RODRIGVE.

Adorable Chimene,
Pour empefcher ma mort tu dois finir ma pêne,
Fais parêtre auiourd'huy ta promeffe & ta foy.

CHIMENE.

En tout cas ie dépends des volontez du Roy.

D. RODRIGVE.

Ie vai le faluer deffus cette affeurance,
Ce que i'apprehendois fe tourne en efperance. bas.

SCENE III.

L'INFANTE, D. SANCHE,

L'INFANTE.

Ous mes soins desormais sont pour finir les
        tiens,
    Il faudra s'il ce peut la mettre en tes liens,
Faire agréer l'Hymen, & sur tout la contraindre
D'apreuuer ce brasier, que tu ne peus éteindre.
Cependant continuë; & par ces mouuemens
Fais toi iour si tu peux à tes contentemens.
Sois certain que tes vœux ne seront pas friuoles,
Si Chimene est d'humeur à crêre à mes paroles.
Ie parlerai de toi si bien & si souuant,
Qu'elle t'estimera quelque bucher viuant.

D. SANCHE.

Pourrois ie bien, Madame, en cette attente haute,
Esperer le repos de celle qui me l'oste!
Pourfuiure auec ardeur la chose qui me nuit!
Et tirer mon bon heur de ce qui le détruit!
Deurois ie aussi, Madame, en cette amour ex-
        tréme,
Parler si librement de la beauté que i'aime?
En ceci mon esprit vous est-il point suspect?
Que direz-vous enfin de mon peu de respect?
Pour rendre mon amour, & ma gloire éuidente,
Ce qui fut ma Princesse est donc ma confidente?
Madame, pardonnez à cette liberté,
Ie n'abuseral pas d'vne telle bonté:
Au contraire bien loin d'en tirer auantage,
En vous obeïssant, ie manque de courage:
Ie suis de ces faueurs vn trop indigne objet,
        vous treuue Princesse, & ie me voi sujet,

Ma baſſeſſe paroiſt prés de vôtre merite,
Vôtre naiſſance eſt grande, & la mienne eſt pe-
    tite:
Et le pis en ceci, m’obligeant deformais,
Vous faites vn ingrat à force de bienfaits.
Entre ces mouuemens ie me ſens tout confondre,
Ie n’oſerois me taire, & ie ne puis répondre.

L’INFANTE.

Adieu , ſonge à Chimene, & ſur tout ſouuiens toi,
Que ie trauailleral de même que pour moi.

SCENE IV.

L I N F A N T E seule.

Ans doute son amour doit seruir à la mien-
ne
Il faut que ie l'augmente, & que ie l'entre-
tienne,
Que ie treuue la fin des maux que i'ai soufers.
Que ie me fasse libre en détachant ses fers,
Et que malgré le Roy, qui condamne ma vie,
Ie meure desormais dans ma premiere enuie.
Mes pleurs l'ont amoli, mes soûpirs l'ont touché,
Il croit en m'acusant auoir fait vn peché,
Et de peur d'obscurcir nôtre parfaite gloire,
Il veut mal à ses sens, il blâme sa memoire,
Et dans le repentir d'vn pareil iugement,
Il me traitte depuis plus amoureusement.
Tout arriue à propos, voici venir Chimene.
Rendra-t'elle touiours mon esperance vaine?

SCENE V.

L'INFANTE, CHIMENE.

L'INFANTE.

Nfin le Ciel vous aime auec vn tel ex-
cez,
Que vos plus grands defirs ne font pas fans
fuccez.

CHIMENE.

I'ai touiours fouhaitté que l'Etat fut durable,
Que le fort à nos maux fe montrât fecourable,
Que le Ciel à iamês vous comblât de plêfirs,
Et qu'il me donnât lieu de faire vos defirs.

L'INFANTE.

Puis que vous le voulez il faut que ie l'effaie,
Et vous me rauirez, fi la rêponfe eft vraie.
Vous devez donc, ma fille, en cette occafion
Témoignei vos vertus & vôtre afection.
Songez-y bien fur tout, Rodrigue vous honore,
Vous fçauez d'autre part que Sanche vous adore:
L'vn tua vôtre pere, & l'autre vous vangea,
L'vn fit naitre vos pleurs, l'autre vous foulagea.
Ce n'eft pas le moyen de finir fa mifere,
Que d'époufer ainfi le bourreau de fon pere:
Il vous faut par raifon guerir de cét erreur,
Et d'vn objet d'amour faire vn objet d'horreur.
Qui peut authorifer la noirceur de ce crime?
Et qui fera treuuer cette amour legitime?
Eft ce bien proceder que fonder fon bon heur?
Et chercher fon repos aux dépens de l'honneur?
Etoufez cette ardeur, & cette iniufte enuie,
Et tenez

Et tenez vôtre honneur plus cher que vôtre vie,
Malgré ces mouuemens i'aime ce qui vous plaist,
Mais soufrez qu'en ceci i'aime vôtre interest:
Rodrigue a des apas, vous en faites du conte,
Mais faisant vôtre bien vous faites vôtre honte,
Et vous donnez suiet à la posterité
D'accuser iustement voftre infidelité.

C H I M E N E.

Madame la raison qui condamnoit ma flâme
A perdu tout l'efet qu'elle auoit sur mon ame,
Conneffant mon amour, vous fçauez que ie doi
Conferuer mon honneur en conferuant ma foy,
Et méme par le Roy ie me vis obligée
De garder cette ardeur où i'eftois engagée.

Icy Rodrigue paroit, & l'Infante fait retirer
Chimene pour lui faire entendre ce qui suit.

L'I N F A N T E.

Tu penfes que Rodrigue eftime ta vertu,
Mais voi les mouuemens dont il eft combatu.

SCENE VI.

L'INFANTE, D. RODRIGVE

L'INFANTE.

Epuis les complimens dont vous m'auez traittée,
L'amour me suit par tout ; i'en suis per-
secutée,
Et quoi que la raison s'opose à tous mes vœux,
L'honneur & le respect n'étoufent point mes feux,
Et i'ai voulu banir ces noms de ma memoire,
Comme les principaux ennemis de ma gloire:
I'ai resisté long-temps, mais enfin i'ai conclu
De vousvoir sur mes sens vn pouuoir absolu,
Et qu'en vain desormais ie me voulois contraindre,
Pour celuy que la terre a tant sujet de craindre.

D. RODRIGVE.

Madame cét honneur m'oblige infiniment,
Vous sçaurez à la fin que ie suis digne Amant.

L'INFANTE.   *En sortant dit ceci bas à Chimene.*

Vous voyez apres tout que Rodrigue est fidelle,
Et qu'il faut conseruer vne flâme si belle.

SCENE VII.

CHIMENE, D. RODRIGVE.

CHIMENE.

VOVS sçaurez à la fin que ie suis digne
    Amant,
C'est comme il faut finir ou flatter mon
    tourment;
Poursuiuez Dom Rodrigue, & caressez l'Infante,
La couronne pour vous est vne douce attente.
Dites lui deuant moi pour son contentement,
Vous sçaurez à la fin que ie suis digne Amant.
Ah! Rodrigue Infidelle, où sont ces assurances?
Que doiuent deuenir toutes mes esperances?
A quel point le destin ne met-il auiourd'hui,
Et que faut-il tenter pour croire mon ennui?
Mon esperance est morte aussi bien que mon pere,
Ie pretends vôtre amour, & l'Infante l'espere,
Et puis vous me direz dans mon étonnement,
Vous sçaurez à la fin que ie suis digne Amant.
Enfin donc ie deuois par cette ingratitude
Tirer du repentir de mon inquietude,
Et iuger sainement vous voiant en prison,
Que vous estiez puni pour vne trahison.
Vsez bien du bon-heur que le Ciel vous presente,
Abandonnez Chimene, & reuerez l'Infante;
Dites-lui de nouueau pour son soulagement,
Vous sçaurez à la fin que ie suis digne Amant.
Et pour tout acheuer que l'on die en Castille
Que vous fites mourir, & le pere & la fille,
Que l'vn receut vos coups, & l'autre vôtre cœur,
Mais qu'à la fin chacun sentit vôtre rigueur:
Croiez que vôtre bras n'aura pas cette gloire,
Et ie dois enuier vne telle victoire:
Vous verrez que l'honneur n'éteignit pas mes feux,

Mais que ie ſçai mourir alors que ie te veus.

D. RODRIGVE.

Ne me condannez pas pour vn ſi long ſilence,
Et n'vſez pas ſur vous de cette violence:
Vous n'auez pas ſuiet de vous mettre en couroux,
Ce que ie luy diſois ie l'entendois de vous :
Le Ciel en eſt témoin, & mon cœur le coniure,
Si ce diſcours n'eſt vrai de vanger cette iniure,
Ie ne le puis nier, i'ai dit ſubtilement,
Vous ſçaurez à la fin que ie ſuis digne Amant.
Mais c'eſt de vous, Madame, & non pas de l'In-
    fante,
Vous eſtes mon deſir, & ma derniere attente,
Et ſi vous reſiſtez à cette verité,
Mon trépas doit aprendre à la poſterité.

CHIMENE.

C'eſt deſſus vos ſermens que i'établis mon aiſe,
Et ce qui m'affligoit maintenant me rapaiſe,
De même qu'vn ſeul mot ſuffit à me guérir,
Auſſi n'en faut-il qu'vn pour me faire mourir ;
Ie penſe qu'en ceci mon bon heur eſt extrême,
Et ie croi tout de vous, pource que ie vous aime,
La crainte maintenant me mettoit au cercueil,
Et l'eſpoir maintenant vient de changer mon
    dueil.
Entre deux mouuemens & d'eſpoir & de crainte,
Ie pouſſe des ſoûpirs, & ie finis ma plainte;
L'vn me met aux enfers, l'autre dans le Ciel,
L'vn m'ofre des douceurs, l'autre m'ofre du fiel :
Ces deux gênent mes ſens, & combattent mon ame,
L'vn nourit mon braſier, & l'autre éteint ma flâme,
Et dedans ces combats d'eſperance & de peur,
Le ſort me fait toujours l'objet de ſa rigueur.

D. RODRIGVE.

Peut-eſtre qu'en ce iour finirons-nous ces pênes,
Et que nous ſertirons de plus aimables chaines :
Le Roy dans le regret de ma captiuité,
Veut me donner Chimene auec ma liberté;
Raui d'vne fortune & ſi douce & ſi belle,
I'en ai voulu premier aporter la nouuelle,

Et coniurer ton cœur de ne differer pas
Ce moment qui peut seul differer mon trépas.

CHIMENE.

La volonté du Roy m'est vne grande amorce.

D. RODRIGVE.

pour me plêre sur tout n'obeïs pas par force.

CHIMENE.

Voici venir Dom Sanche, adieu pour vn moment.

D. RODRIGVE.

Vous sçaurez à la fin que ie suis digne Amant.

SCENE VIII.

D. SANCHE, D. RODRIGVE,

D. SANCHE.

Ciel ie voi qu'enfin ma paſſion l'irrite,
Auec cette beauté l'eſperance me quitte;
Ie la ſui vainement, ſes iniuſtes mépris
Laiſſent le deſeſpoir à mes foibles eſprits:
Tout eſt perdu pour moi, ſa haine eſt découuerte
Et ne la voyant plus ie ne voi que ma perte;
Mais la ſuiure, pourquoi? c'eſt ſuiure mon mal-
    heur,
C'eſt courir au poignard qui me perce le cœur,
C'eſt chercher le poiſon qui vient croitre ma pêne,
Et prier le boureau qui me donne la gêne,
Dans ces triſtes penſers où me voi-je reduit!
I'aime ce qui me hait, ie ſui ce qui me fuit,
I'adore l'ennemi qui n'en veut qu'à ma vie,
Ie lui ſuis en horreur, & i'en fais mon enuie,
Aujourd'hui mon mal-heur eſt il pas ſans égal,
Si ie fais mon plêſir de ce qui fait mon mal?
Et toi puiſſant guerrier, Rodrigue redoutable,
Qui connois ma conſtance, & mon ſort lamenta-
    ble: *D. Sanche met ici la main à l'épee.*
Voiant mon deſeſpoir, ne ſois pas étonné,
Si ie diſpute encor ce que tu m'as donné,
Ma mort eſt plus honneſte & beaucoup plus hu-
    maine,
En venant de ta main que des yeux de Chimene,
Tu punis, acheuant ma vie & mes trauaux,
Tes plus grands ennemis, & tes plus grands ri-
    uaux.

D. RODRIGVE.

Quoi? n'eſt ce pas aſſez? D. Sanche eſt-il poſſi-
ble   D. Rodrigue deſarme D. Sanche.
Qu'à ce dernier bien fait on vous treuue inſenſible?
Pour la ſeconde fois vous me voiez vainqueur.

D. SANCHE.

Auoir ſi peu d'adreſſe auecque tant de cœur!
O Dieux qu'à de mal-heurs ma fortune eſt ſoû-
miſe!
Que le reüſſi hien dedans chaque entrepriſe!

SCENE IX.

L'INFANTE, D.SANCHE, D.RODRIGVE.

L'INFANTE.

Ve songez-vous Rodrigue ?

D. SANCHE.

Il n'en faut plus douter,
Chimene & ce guerrier sont bien à redouter,
L'vn a le bras puissant, l'autre a d'étranges char-
mes,
Et tous deux ont toûjours d'inéuitables armes.

D. RODRIGVE.

Il m'étoit bien aisé de lui donner la loi,
Car l'honneur & l'amour ont combatu pour moi,
Chimene m'animoit.

L'INFANTE.

Quoi ie suis méprisée!
Et ie suis à Rodrigue vn obiet de risée ?
Ah ! ces desseins pour toi sont tous pernicieux,
Ta Chimene aujourd'hui doit perir à mes yeux;
Pour vanger cét afront ie veus estre cruelle,
Et rendre par sa mort ta douleur immortelle,
L'immoler à ma haine, & dans cette rigueur
Lui percer de ma main, & lui tirer le cœur ;
I'i vole de ce pas ; mais Chimene s'auance,
Dom Diegue la conduit, & le Roi la deuance.

SCENE
DERNIERE.

LE ROY, D. RODRIGVE, L'INFANTE.
D. SANCHE, D. DIEGVE, CHIMENE.
LE ROY.

Odrigue finiffez vôtre fort rigoureux,
Ce iour acheuera vos deffeins amoureux:
Pourfuiuez grand Heros ; vôtre infigne victoire
Commence mes pléfirs, commençant vôtre gloire :
Nôtre guerre eft finie, & l'aftre du mal-heur,
Ne fçait plus irriter vôtre extréme valeur.

D. RODRIGVE.

N'attendez pas de moy quelque longue harangue,
Mais fçachez que ce bras fait bien mieux que ma langue,
Et que tous mes deffeins butteront deformais
A vous faire ioüir d'vne eternelle paix.

L'INFANTE.

Ce changement doit-il apaifer ma colere , *Elle*
                                    dit ceci bas.
Que puis-ie plus tenter, Chimene eft fon falêre.

D. SANCHE.

Hé Madame nos maux auront leur guerifon
Par le temps, par la mort, ou bien par la raifon.

LE ROY, dit cecy à Chimene.

Ouï ma fille, il est temps d'acheuer la iournée,
Par vne telle iole, & par vôtre Hymenée,
Triomphez de vos maux, & que ce grand vain-
    queur
Ait aiourd'hui l'honneur de gaigner vôtre cœur.
A ses feux violens n'oposez plus de glace,
Et ne differez plus à lui rendre la place.

D. DIEGVE.

Cette gloire est la fin de son ambition,
Et Madame la doit à son afection.

CHIMENE.

Mais, Sire, permettez.

LE ROY.

              Ce que ie vous conseille
Doit charmer vôtre esprit, & flatter vôtre veille;
La loi que ie vous donne est vne douce loi,
Considerez Rodrigue, & le temps, & le Roy.

D. SANCHE.

Cette possession étoufe mon attente,   *bas.*

L'INFANTE.

Il faut donc apres tout que mon cœur se contente.   *bas.*

CHIMENE.

Que vôtre Majesté considere pourtant.

LE ROY.

Non paroissez constante, ou Rodrigue est constant,
Finissez vos ennuis, ne versez plus de larmes,
Que le sort contre vous n'ait desormais plus d'ar-
mes.   *Il dit ceci à Rodrigue.*
Ie sçai bien ce qu'on doit à vos nobles trauaux,
Aussi pourai-je en peu reconpenser vos maux.

D. RODRIGVE.

Grand Roy tous mes trauaux ont eu leur recópense,

Et si l'en demandandois ie ferois vne ofensez
Tous les biens desormais me seront superflus,
Car apres celui-ci ie n'en demande plus.
Madame vos bontez m'ostent des mains des Par-
    ques,
Et me font plus heureux que les plus grands Monar-
    ques,
Ie meritois sans doute vn sort moins glorieux,
Ie m'estimois par tout indigne de vos yeux.
Helas! vôtre pitié dans vn si grand orage
Me presente le port, où i'ai cru mon naufrage,
Vous en estes loüable, & c'est reçusciter
Que de donner la vie alors qu'on peut l'ofter.

Fin de la suitte & du Mariage
du Cid.